RESERVA DO POSSÍVEL
e a efetividade dos direitos sociais no direito brasileiro

K29r   Kelbert, Fabiana Okchstein.
   Reserva do possível e a efetividade dos direitos sociais no direito brasileiro / Fabiana Okchstein Kelbert. – Porto Alegre: Livraria do Advogado Editora, 2011.
   136 p.; 23 cm.
   Inclui bibliografia.
   ISBN 978-85-7348-736-7

   1. Direitos sociais - Brasil. 2. Direitos fundamentais. 3. Reserva do possível. 4. Direito - custo. 5. Brasil. Constituição (1988). I. Título.

CDU 342.7
CDD 341.27

Índice para catálogo sistemático:
1. Direitos fundamentais: Brasil   342.7

(Bibliotecária responsável: Sabrina Leal Araujo – CRB 10/1507)

Fabiana Okchstein Kelbert

RESERVA DO POSSÍVEL
e a efetividade dos direitos sociais no direito brasileiro

livraria
DO ADVOGADO
editora

Porto Alegre, 2011

© Fabiana Okchstein Kelbert, 2011

Capa, projeto gráfico e diagramação
Livraria do Advogado Editora

Revisão
Rosane Marques Borba

Direitos desta edição reservados por
Livraria do Advogado Editora Ltda.
Rua Riachuelo, 1338
90010-273 Porto Alegre RS
Fone/fax: 0800-51-7522
editora@livrariadoadvogado.com.br
www.doadvogado.com.br

Impresso no Brasil / Printed in Brazil

A Nylson Paim de Abreu.

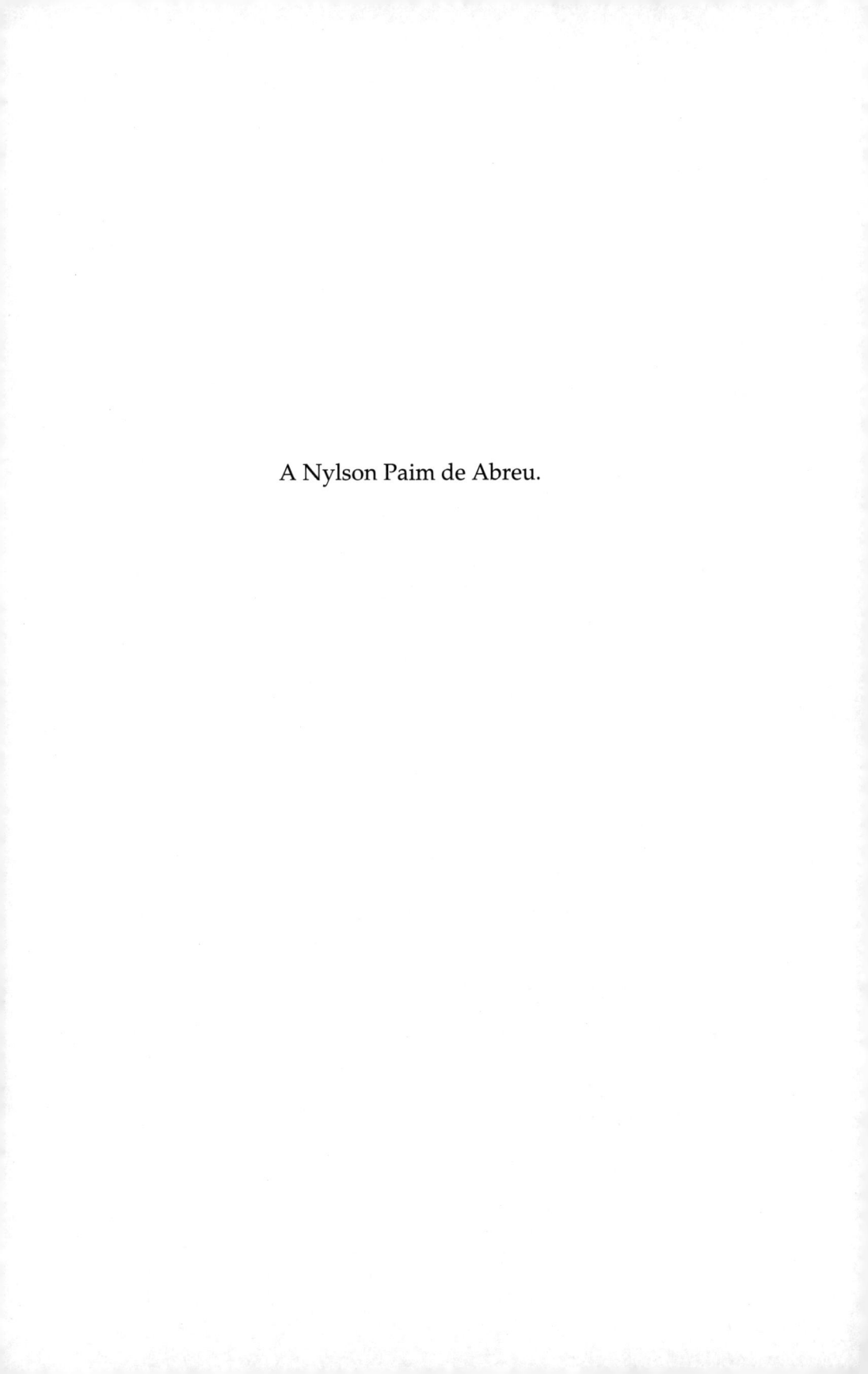

Agradecimentos

Agradeço primeiramente ao Prof. Dr. Ingo Wolfgang Sarlet, pela orientação e pelo belíssimo exemplo de excelência e honestidade acadêmica.

À CAPES, pela concessão da bolsa, sem a qual este trabalho não teria sido possível.

À Caren Andrea Klinger, secretária do Programa de Pós--Graduação da PUC/RS, pela dedicação e paciência.

Aos colegas, muitos dos quais levarei como amigos, pelo apoio, pela troca de materiais e de ideias, pelas caronas, pela cumplicidade e pela parceria.

Um agradecimento afetivo aos amigos que, de alguma maneira, me ajudaram na realização deste trabalho, em especial Luciana Domingo, José Felipe Ledur e Cibele Mateus.

Um agradecimento especial a minha mãe, por todo o apoio.

E, por fim, agradeço ao Itiberê, mais uma vez – e sempre.

Mas permanece também a verdade de que todo fim na história constitui necessariamente um novo começo; esse começo é a promessa, a única mensagem que o fim pode produzir. [...] Cada novo nascimento garante esse começo; ele é, na verdade, cada um de nós.

Hannah Arendt

Prefácio

A temática da efetividade dos direitos sociais está, mais do que nunca, na ordem do dia. Diuturnamente surgem novas publicações no cenário acadêmico brasileiro, inclusive e de modo crescente, em termos de dissertações de mestrado e teses doutorais. O texto que ora tenho a honra de prefaciar, da lavra de FABIANA OKCHSTEIN KELBERT, insere-se neste contexto. Cuida-se de versão ligeiramente revista e atualizada da dissertação de mestrado apresentada pela autora no âmbito do Programa de Mestrado da Faculdade de Direito da PUCRS, sob minha orientação, e submetido à defesa pública perante banca examinadora integrada também pelos professores Giovani Saavedra e Paulo Caliendo, cuja arguição apenas contribuiu para qualificar ainda mais o trabalho, inclusive pelas judiciosas críticas e sugestões formuladas, substancialmente incorporadas à versão final do texto, ora levado ao público. Muito embora se cuide, como já frisado, de tema recorrente, a autora logrou êxito em imprimir o seu toque pessoal ao texto, fruto de pesquisa séria e avaliação crítica. Aliás, já da apresentação elaborada pelo ilustre colega e amigo Prof. Dr. José Guilherme Giacomuzzi, é possível identificar, dentre os méritos da presente obra, o cuidado com a devida "filtragem" no que diz com o imprescindível, mas necessariamente cauteloso e crítico, recurso ao direito comparado, priorizando, portanto, uma abordagem constitucionalmente adequada. Partindo, como convém, de uma análise do conceito de direitos sociais e da sua condição de direitos fundamentais, esboçando, na esteira da melhor doutrina, os contornos basilares de seu regime jurídico--constitucional, a autora, na segunda parte do seu texto, enfrenta a árdua problemática do custo dos direitos e apresenta as diversas dimensões da reserva do possível, enfatizando, como já registrado, a necessidade de extremo cuidado na transposição de tal conceito para o ambiente jurídico, mas especialmente para a realidade constitucional brasileira. Na sequência, são exploradas alternativas de superação, ou, pelo menos, mitigação do impacto da assim chamada reserva do possível, culminando com estudo de jurisprudência do Supremo Tribunal Federal. Considerando não ser o caso de aqui tecer comentários sobre as ideias vertidas pela autora, o que cabe é consignar que se trata de texto sério sobre tema de permanente atualidade e relevância. A efetividade, de todos os direitos e de todas as dimensões representa um desafio para todos que, em todas as frentes de trabalho, estão comprometidos com a causa da dignidade humana. A autora, mediante a elaboração do presente texto, honrou tal compromisso. Que o texto ora publicado encontre receptividade entre teóricos e práticos, é o que se espera.

Porto Alegre, janeiro de 2011.

Prof. Dr. Ingo Wolfgang Sarlet
Titular da Faculdade de Direito da PUCRS e Juiz de Direito no RS.

Sumário

Apresentação – *José Guilherme Giacomuzzi* 15
Introdução 17
1. Direitos sociais como direitos fundamentais: desenvolvimento histórico e conceito 21
  1.1. Desenvolvimento histórico 21
  1.2. Os direitos sociais na história constitucional do Brasil 29
  1.3. Conceito 31
  1.4. A proteção dos direitos sociais na Constituição de 1988 33
  1.5. Direitos sociais e a aplicabilidade imediata dos direitos fundamentais .. 43
  1.6. A dupla dimensão objetiva e subjetiva dos direitos sociais: algumas aproximações 48
2. Os direitos fundamentais, seus custos e as dimensões da reserva do possível: análise e possibilidades de superação no âmbito da concretização dos direitos sociais 65
  2.1. Os direitos e seus custos 65
  2.2. A reserva do possível: origem do termo 69
    2.2.1. A recepção da noção de reserva do possível no direito brasileiro .. 71
  2.3. Dimensões da reserva do possível 78
    2.3.1. Dimensão fática: objeção da falta de recursos 78
    2.3.2. Dimensão jurídica: objeção da indisponibilidade de recursos ... 82
    2.3.3. Dimensão negativa: proteção contra o esvaziamento de outras prestações 87
  2.4. Possibilidades de superação dos limites impostos pela reserva do possível 89
    2.4.1. Proporcionalidade e reserva do possível 89
    2.4.2. Vedação de retrocesso e reserva do possível 94
    2.4.3. Ponderação de valores e mínimo existencial frente à reserva do possível 98
  2.5. Aplicação da noção de reserva do possível pelo Supremo Tribunal Federal 106
  2.6. Estudo de caso. Previsões constitucionais de financiamento dos direitos sociais. Vinculação e desvinculação de receitas: caso específico da desvinculação de receitas da União 119
Conclusão 129
Referências bibliográficas 133

Apresentação

O livro que o leitor tem em mãos é versão minimamente modificada da dissertação de Mestrado defendida por Fabiana Okchstein Kelbert à Pontifícia Universidade Católica do Rio Grande do Sul em dezembro de 2009, trabalho que recebeu a nota máxima, com louvor, da banca examinadora.

Uma das consequências da atual política nacional de educação superior e pós-graduação, que parece preocupar-se mais com a forma que com o conteúdo, é a proliferação de dissertações e teses de duvidosa qualidade. Ainda no século passado, o Professor Almiro do Couto e Silva disparou uma pérola que jamais esqueci: "assim como faz o Vaticano quando anuncia um novo papa, deveríamos soltar uma fumaça branca em comemoração a cada dissertação decente que nos aparece". O trabalho de Fabiana Kelbert merece que soltemos a fumaça branca.

Fabiana empreendeu pesquisa séria em tema tormentoso, o da chamada "reserva do possível", o qual tem recebido atenção da doutrina brasileira nos últimos tempos, aparecendo vez por outra nos tribunais. O leitor terá a oportunidade de apreciar o trabalho, mas quero enfatizar dois pontos que me parecem dignos de nota: a Autora (1) chama a atenção para a origem da reserva do possível, a qual se deu na decisão nº 33 do Tribunal Constitucional Federal alemão, e alerta para um equívoco crasso que todo comparatista sério deve evitar: pretender importar, acriticamente, de outro sistema jurídico, conceitos e normas, e deles pedir a salvação – algo bastante comum, infelizmente, em sistemas jurídicos periféricos como o nosso. A reserva do possível não é algo de muito desenvolvido ainda nem no seu país de origem, a Alemanha, e lá nasceu em contexto específico, para um fim específico (e quiçá evidente): afirmar que a sociedade não pode exigir o impossível do Estado, aduzindo que a prestação exigida do Estado deve ser razoável *e respeitar os interesses coletivos*; (2) critica, com correção e, ao meu sentir, menos ênfase do que merecido, as decisões do Supremo Tribunal Federal sobre o tema, que são de uma retórica assustadoramente vazia. A timidez da crítica de Fabiana, entretanto, tem mais a ver com a prudência recomendável a todos, e aos jovens autores em especial, do que com a tibiez de suas convicções.

O leitor que quiser ter uma leitura agradável de uma pesquisa de mestrado séria, que teve o manuseio das melhores fontes, nacional e alemã em especial, no que toca à reserva do possível, encontrará neste primeiro livro de Fabiana Kelbert, que tenho a honra de apresentar, uma fonte segura e firme. Espero que venham outros trabalhos da autora, que com este já contribui para aumentar a qualidade da pesquisa em nosso país.

Porto Alegre, dezembro de 2010.

José Guilherme Giacomuzzi
Doutor em Direito
George Washington University Law School, USA.

Introdução

A escolha do tema do presente livro deu-se em razão de uma grande preocupação com o tratamento doutrinário e jurisprudencial dispensado às questões pertinentes à realização dos direitos sociais no Brasil. Nesse ponto, destacou-se uma inquietação quanto à reserva do possível, a qual tem servido de argumento para justificar o descumprimento das normas que preveem direitos sociais constitucionalmente assegurados, de modo que sua aplicação sem um estudo mais aprofundado lançava ares de argumento retórico e carente de justificação no sistema constitucional vigente.

Originária da jurisprudência alemã, a "reserva do possível"[1] foi considerada um limite à realização do direito à escolha do local de ensino naquele país, por meio da paradigmática decisão n° 33 do Tribunal Constitucional Federal, onde ficou consignado que algumas prestações estatais ficam sujeitas a uma reserva do possível (*Vorbehalt des Möglichen*), de modo que o indivíduo só pode esperar da sociedade prestações que se afigurem razoáveis. Essa conclusão mostrou-se afinada com os ditames do modelo de Estado Democrático e Social de Direito, ao qual a Alemanha aderiu. Naquele país, como decorrência do pós-guerra, os direitos fundamentais assumiram posição de destaque na Lei Fundamental, onde passaram a figurar no primeiro título, encabeçado pela proteção da dignidade da pessoa humana, considerada intangível. Nesse contexto, embora apenas topicamente previstos, os direitos sociais despontaram como garantia da dignidade humana e como condição para o exercício da liberdade real dos indivíduos. Isso significa que o princípio do Estado Social procura assegurar a todos os indivíduos a universalidade de direitos, os quais devem ser satisfeitos na máxima medida possível, considerando a totalidade da sociedade.

---

[1] Tendo em vista que a expressão "reserva do possível" se encontra atualmente amplamente divulgada e aceita na doutrina e jurisprudência brasileiras, a mesma será doravante referida sem o uso de aspas.

A Constituição Federal de 1988, influenciada pela Lei Fundamental e pela Constituição portuguesa de 1976, também aderiu a um modelo que assegura a máxima proteção aos direitos fundamentais, e foi mais longe: incluiu no título dos direitos e garantias fundamentais um amplo rol de direitos sociais.

Essa inclusão, no entanto, não foi poupada de críticas, uma vez que a mera positivação dos direitos sociais no texto constitucional não teria o condão de realizá-los plenamente, por diversos motivos. Dentre as objeções mais comumente apontadas, surge a problemática da eficácia das normas que preveem direitos sociais, consideradas programáticas, o que impediria a concretização dos direitos sociais sem interposição legislativa. Além disso, o caráter essencialmente (mas não apenas) prestacional dos direitos sociais, pressupõe a existência de recursos estatais para sua efetivação.

Especialmente nesse ponto é que a reserva do possível assume maior importância, uma vez que não há como negar que a escassez de recursos efetivamente se apresenta como obstáculo à realização de todos os direitos sociais a todas as pessoas.

Daí a importância do tema escolhido, no sentido de avaliar em que medida a reserva do possível se afigura um argumento válido no âmbito do direito constitucional brasileiro quando em discussão a realização de direitos sociais, os quais, cumpre repisar, asseguram, em última instância, a própria dignidade humana.

Os problemas surgidos em sede de realização dos direitos sociais em face da reserva do possível revelam-se especialmente quando ela é resumida como mera ausência de recursos. No entanto, a reserva do possível comporta ao menos três dimensões distintas. Por outro lado, ao aderir ao modelo de Estado Democrático e Social, o constituinte brasileiro estabeleceu as formas de financiamento dos direitos sociais, para os quais previu vinculações, por meio de percentuais oriundos dos tributos a serem pagos por toda a sociedade. Além disso, o princípio da vinculação de todos os poderes estatais aos direitos fundamentais exige que toda a atuação estatal seja pautada pela proteção e promoção desses direitos, configurando, portanto, um limite claro à liberdade de atuação do legislador e do administrador público.

Assim, o presente livro pretende investigar se o argumento da reserva do possível dialoga com o modelo de Estado adotado no Brasil, bem como procura descobrir se ela pode valer como fundamento para a não concretização de direitos sociais, tendo em vista que todos os direitos fundamentais assumem também a condição de princípios, ou seja, não configuram direitos absolutos.

Desse modo, o livro foi dividido em dois capítulos. O primeiro trata unicamente dos direitos sociais, investigando-os desde o seu histórico surgimento, sua positivação nas constituições brasileiras, sua conceituação, o tratamento que lhes foi dispensado na Constituição Federal de 1988 e sua dogmática e fundamentação, bem como suas dimensões.

O segundo capítulo procurou abordar todas as questões que vinculam os direitos sociais à problemática gerada pela reserva do possível, o que engloba os custos dos direitos, a origem da reserva do possível, sua fundamentação no direito constitucional brasileiro, suas dimensões possíveis e as possibilidades de superação dos limites impostos por ela. Além disso, dedicou-se um tópico à análise de algumas das decisões mais importantes em sede de reserva do possível pelo Supremo Tribunal Federal, na qualidade de guardião da Constituição. Justamente pelo fato de o Supremo Tribunal Federal figurar como órgão máximo da jurisdição constitucional é que deixaram de ser analisadas decisões (as quais seguramente não são menos importantes) de outros tribunais brasileiros.

Por fim, contemplou-se um tópico dedicado ao estudo de um caso que envolve diretamente a problemática da reserva do possível e a vinculação constitucional de verbas destinadas à realização dos direitos sociais, a qual vem sendo reiteradamente usurpada pela Desvinculação de Receitas da União, instrumento previsto por meio de emenda constitucional e que permite a desvinculação de percentuais originariamente vinculados ao financiamento dos direitos sociais por expressa determinação constitucional.

Para tanto, analisou-se especialmente (mas não apenas) a doutrina e a jurisprudência constitucional tanto brasileira quanto a alemã, na busca de aproximações e pontos de contato entre os dois sistemas.

Desta feita, o objetivo mais premente da presente obra é a busca da maior e mais ampla realização dos direitos sociais, procurando afastar qualquer argumento que não se encontre em consonância com as determinações expressas da Constituição Federal de 1988, a qual estabeleceu os valores e bens mais caros à sociedade brasileira, especialmente a dignidade da pessoa humana.

1. Direitos sociais como direitos fundamentais: desenvolvimento histórico e conceito

1.1. Desenvolvimento histórico

Tem-se afirmado, em relação à evolução histórica dos direitos sociais, que estes seriam sucessores dos direitos civis e políticos, preconizados no Estado Liberal, onde se desvendaram os chamados direitos de liberdade, que previam condutas negativas por parte do Estado. Os direitos de liberdade fariam parte da primeira geração ou dimensão de direitos fundamentais. A partir daí, fala-se numa segunda dimensão de direitos, positivados no contexto do Estado Social, onde passaram a ter lugar os direitos sociais. Entretanto, não há unanimidade no que tange à evolução geracional dos direitos fundamentais, conforme registra Gerardo Pisarello,[2] para quem "essa representação assenta em pressupostos que tendem a ser restritivos, excludentes e deterministas, e que justificariam, em última análise, uma proteção desvalorizada dos direitos sociais". Para o referido autor, embora essa representação tenha um caráter pedagógico, o desenvolvimento dos direitos fundamentais não ocorreu de forma linear. Segundo assevera, embora a presença dos direitos sociais só tenha se firmado no constitucionalismo pós-guerra do século XX, podem-se extrair conclusões diversas das tradicionais, quando se constata a simultaneidade das reivindicações dos direitos sociais e dos direitos civis e políticos. Os direitos sociais, de acordo com esse autor, foram vistos como um requisito indispensável a dar conteúdo material aos direitos civis e políticos, enquanto estes atuaram como instrumentos indispensáveis para assegurar os

---
[2] PISARELLO, Gerardo. *Los derechos sociales y sus garantías*. Elementos para una reconstrucción. Madrid: Editorial Trotta, 2007, p. 19.

direitos sociais.³ Em igual sentido, colige-se a lição de Norberto Bobbio, como se infere:

> A mais fundamentada razão da sua aparente contradição, mas real complementaridade, com relação aos direitos de liberdade, é a que vê nesses direitos uma integração dos direitos de liberdade, no sentido de que eles são a própria condição do seu exercício efetivo. Os direitos de liberdade só podem ser assegurados garantindo-se a cada um o mínimo de bem-estar econômico que permite uma vida digna.⁴

A leitura clássica aponta como marco histórico fundamental na evolução dos direitos sociais a Revolução Industrial ocorrida no século XIX, a qual se estabilizou e deu lugar à positivação desses direitos no princípio do século seguinte, com a Constituição mexicana de 1917.

Entretanto, na esteira do que leciona Pisarello "é possível detectar uma rica pré-história, tanto de políticas institucionais dirigidas a resolver situações de pobreza e exclusão social como de lutas pela subsistência e a segurança material". Refere, ainda, que esta pré-história é bem anterior ao surgimento do Estado Moderno e se assemelha a algumas reivindicações atuais em sede de direitos sociais, conforme se vê:

> Tanto na antigüidade como no período medieval, de fato existiram diferentes mecanismos institucionais, ainda que não necessariamente estatais, orientados a atenuar situações propagadas de pobreza e a assistir a grupos mais necessitados.⁵

Peter Krause⁶ salienta que é preciso registrar que a literatura pré-revolucionária derivava os direitos fundamentais sociais na França do princípio da "fraternidade", pois se alguém que se alimenta por meio do próprio trabalho e esforço ficar impedido de trabalhar em razão de doença, idade ou acidente, então a comunidade precisa substituí-lo em seu socorro. Aponta, ainda, a inclu-

---

³ PISARELLO, Gerardo. *Los derechos sociales y sus garantías*. Elementos para una reconstrucción. Madrid: Editorial Trotta, 2007, p. 25.

⁴ BOBBIO, Norberto. *A era dos direitos*. Rio de Janeiro: Elsevier, 2004, p. 226-227. No mesmo sentido sustenta Celso Lafer: "Daí a complementaridade, na perspectiva *ex parte populi*, entre os direitos de primeira e de segunda geração, pois estes últimos buscam assegurar as condições para o pleno exercício dos primeiros, eliminando ou atenuando os impedimentos ao pleno uso das capacidades humanas. Por isso, os direitos de crédito, denominados direitos econômico-sociais e culturais, podem ser encarados como direitos que tornam reais direitos formais: procuram garantir a todos o acesso aos meios de vida e de trabalho num sentido mais amplo (...)". LAFER, Celso. *A reconstrução dos direitos humanos*. Um diálogo com o pensamento de Hannah Arendt. São Paulo: Companhia das Letras, 1988, p. 127.

⁵ PISARELLO, Gerardo. *Los derechos sociales y sus garantías*. Elementos para una reconstrucción. Madrid: Editorial Trotta, 2007, p. 20.

⁶ KRAUSE, Peter. *Die Entwicklung der sozialen Grundrechte*. Grund- und Freiheitsrechte im Wandel von Gesellschaft und Geschichte. Günter Birtsch (Herausgeber). Göttingen: Vandenhoeck & Ruprecht, 1981, p. 405-406.

são de um direito fundamental ao mínimo existencial no projeto de constituição de Emmanuel Sieyès (1748-1836), que partia da ideia de um indivíduo que busca o bem-estar e utiliza todos os meios que estão a sua disposição, devendo receber apoio do Estado. Isso aconteceria por meio do asseguramento do ordenamento jurídico, da defesa contra inimigos externos e por meio de medidas preventivas contra abusos de poder das autoridades. No entanto, o projeto de constituição previa que a ajuda estatal deveria ir mais adiante: os cidadãos deveriam ter direito a tudo aquilo que o Estado pode fazer em seu benefício. Esses ideais se repetem no catálogo de direitos humanos proposto por Sieyès, nos arts. 24 e 25.[7] Krause delineia os debates em torno dos direitos fundamentais naquele período histórico, mencionando ainda outros projetos de constituição com previsões expressas de direitos sociais. No entanto, nenhum desses projetos serviu de base aos debates da Assembleia Nacional. Um dos esclarecimentos para isso pode ser atribuído à insuficiente força para a concretização desses direitos. Assim, a Declaração dos Direitos do Homem e do Cidadão de 1789 não continha nenhum direito social, apenas direitos de liberdade, o que não significa que a Assembleia Nacional desejasse excluí-los desde o princípio.[8] A seguir, foi promulgada a Constituição francesa de 1791, a qual continha apenas o direito à instrução e assistência aos pobres, no que tange aos direitos sociais.[9]

Pisarello aponta previsões de cunho social na Declaração de Independência dos Estados Unidos de 1776, onde se encontravam ecos da experiência igualitária, embora esta carta não tenha resolvido problemas mais graves como a exploração de escravos e a exclusão das mulheres, por exemplo. Mesmo assim, a *Bill of Rights* do estado norte-americano da Virgínia é considerada a primeira positivação abrangente e com força constitucional dos direitos fundamentais em sentido moderno.[10]

Outro exemplo pode ser colhido da Constituição Jacobina de 1793, que previu um grande número de direitos sociais, inclusive o

---

[7] KRAUSE, Peter. *Die Entwicklung der sozialen Grundrechte*. Grund- und Freiheitsrechte im Wandel von Gesellschaft und Geschichte. Günter Birtsch (Herausgeber). Göttingen: Vandenhoeck & Ruprecht, 1981, p. 408-409.

[8] Idem, p. 411-412.

[9] PISARELLO, Gerardo. *Los derechos sociales y sus garantías*. Elementos para una reconstrucción. Madrid: Editorial Trotta, 2007, p. 22.

[10] PIEROTH, Bodo; SCHLINK, Bernhard. *Grundrechte Staatsrecht II*. 17. ed. Heidelberg: C.F. Müller, 2001, p. 6.

direito ao trabalho, conforme preleciona José Felipe Ledur.[11] No entanto, na Constituição de 1795, os direitos sociais perderam força e não foram mais acolhidos, de acordo com Krause. Este autor refere que o mesmo vale para as constituições napoleônicas.[12]

Pisarello[13] afirma que o ciclo revolucionário que teve início na França em 1848 talvez tenha representado o ponto de inflexão na longa história de reivindicação e reconhecimento de direitos sociais que se projetaria sobre os séculos seguintes. Quanto a esse aspecto, ele ressalta que já então ficaria claro um elemento que leituras das gerações de direitos não deixaram de subestimar: a contradição estrutural entre a generalização dos direitos civis, políticos e sociais, e a manutenção do caráter tendencialmente absoluto da propriedade privada e das liberdades contratuais.

Para Krause, entretanto, a formulação de direitos fundamentais não é uma peculiaridade das constituições revolucionárias dos EUA e da França, mas é típica das codificações iluministas. Assim, encontram-se determinações sobre os direitos gerais da humanidade também na Lei Fundamental da Prússia (*Allgemeines Landrecht für die Preußischen Staaten*), como a igualdade perante a lei do § 22.[14]

Ainda no âmbito da Alemanha, Ledur lembra que na Assembleia que se reuniu em Frankfurt em 1848 discutiu-se sobre a inclusão de direitos sociais na constituição vindoura (*Paulskirchenverfassung*, de 1849). No entanto, esses direitos não foram incluídos, com exceção do ensino primário gratuito.[15]

José Adércio Leite Sampaio esclarece que não foi coincidência que os textos de 1848 (França e Alemanha) marcaram a história dos direitos por meio da inclusão de demandas socializantes, as quais, no entanto, não perduraram. E procura aclarar os motivos:

---

[11] LEDUR, José Felipe. *Direitos fundamentais sociais*. Efetivação no âmbito da democracia participativa. Porto Alegre: Livraria do Advogado, 2009, p. 71.

[12] KRAUSE, Peter. *Die Entwicklung der sozialen Grundrechte*. Grund- und Freiheitsrechte im Wandel von Gesellschaft und Geschichte. Günter Birtsch (Herausgeber). Göttingen: Vandenhoeck & Ruprecht, 1981, p. 416-417.

[13] PISARELLO, Gerardo. *Los derechos sociales y sus garantías*. Elementos para una reconstrucción. Madrid: Editorial Trotta, 2007, p. 23.

[14] Legislação colhida da Internet, disponível em: http://www.smixx.de/ra/Links_F-R/PrALR/PrALR_Einleitung.pdf. §. 22. Die Gesetze des Staats verbinden alle Mitglieder desselben, ohne Unterschied des Standes, Ranges und Geschlechts. Acesso em 06 de maio de 2009.

[15] LEDUR, José Felipe. *Direitos fundamentais sociais*. Efetivação no âmbito da democracia participativa. Porto Alegre: Livraria do Advogado, 2009, p. 71. O autor aduz, ainda, que a partir de 1870, várias medidas destinadas a concretizar os direitos sociais foram adotadas no plano infraconstitucional, sob Otto von Bismarck, na Prússia.

Foram resultados de movimentos de coalizão de burgueses liberais e líderes socialistas defensores de igualdade política, por meio da universalização do sufrágio, e da igualação de oportunidades, com a incorporação de demandas sociais, mas que se frustraram rapidamente em decorrência da reação burguesa conservadora, no caso da França, e da combinação de um feudalismo tardio associado à incipiente e retrógrada burguesia na Alemanha.[16]

Já no século XX, as referências mais frequentes acerca da positivação dos direitos sociais apontam para a Constituição mexicana de 1917. Fábio Comparato ensina que a importância histórica dessa carta política se deveu ao fato de que foi a primeira a atribuir aos direitos trabalhistas a qualidade de direitos fundamentais, ao lado das liberdades individuais e dos direitos políticos.[17] Salienta, ademais, a deferência desse precedente histórico, pois "na Europa a consciência de que os direitos humanos têm também uma dimensão social só veio a se afirmar após a grande guerra de 1914-1918 (...)".[18] Além disso, a Constituição mexicana previu a igualdade substancial entre trabalhadores e empresários na relação de trabalho, o que contribuiu para a redução da exploração nesse setor. Dentre as previsões ali contidas, merecem destaque a proibição do trabalho para menores de doze anos e proteção à maternidade e à amamentação, proibição de diferença de salário em razão de sexo ou nacionalidade e o estímulo à previdência popular por meio de Caixas de Seguros Populares (art. 123, III, V, VII e XXIX).[19]

A seguir, após a Revolução Comunista de 1917, a República Soviética Russa proclamou em janeiro de 1918 a "Declaração dos Direitos do Povo Trabalhador e Explorado", a qual previa a abolição absoluta das sociedades de classes e atribuía unicamente aos trabalhadores a qualidade de povo.

No ano seguinte, a Constituição de Weimar de 1919 também incluiu os direitos sociais no seu texto. Conforme Pieroth e Schlink,[20] após previsões isoladas, surgiu uma nova dimensão, social e econômica, dos direitos fundamentais. De modo a exemplificar, os autores apontam, dentre outros, a garantia do seguro social e a proteção ao desemprego. Destaca-se, ainda, a previsão de ensino fundamen-

---

[16] SAMPAIO, José Adércio Leite. *Direitos Fundamentais: retórica e historicidade*. Belo Horizonte: Del Rey, 2004, p. 213.

[17] COMPARATO, Fábio Konder. *A afirmação histórica dos direitos humanos*. 3. ed. São Paulo: Saraiva, 2004, p. 174.

[18] Idem, p. 174.

[19] Idem, p. 178-184.

[20] PIEROTH, Bodo; SCHLINK, Bernhard. *Grundrechte Staatsrecht II*. 17. ed. Heidelberg: C.F. Müller, 2001, p. 11.

tal essencialmente a cargo do Estado, contemplando a gratuidade do ensino e do material didático (art. 145), bem como a preocupação em preservar um nível de existência adequado à dignidade humana, na seção que tratava da vida econômica (art. 151).

Pelos motivos expostos, as referidas constituições figuram como referência no constitucionalismo social, pois foram as primeiras a acrescentar ao texto constitucional um viés marcadamente social.

Após as barbáries cometidas durante a Segunda Guerra, a Assembleia Geral das Nações Unidas aprovou, em 1948, a Declaração Universal dos Direitos Humanos, documento formal de recomendação a ser seguido pelos membros daquela Assembleia. Embora tenha sido aprovada por unanimidade, Comparato lembra que diversos países se abstiveram de votar (União Soviética, Ucrânia, Rússia Branca, Tchecoslováquia, Polônia, Iugoslávia, Arábia Saudita e África do Sul).[21]

A par disso, a Declaração Universal dos Direitos Humanos teve papel essencial, pois, ao recuperar os ideais da Revolução Francesa, significou o reconhecimento dos valores supremos da igualdade, da liberdade e da fraternidade entre os homens. De acordo com Paulo Bonavides, o Estado Social do constitucionalismo democrático da segunda metade do século XX apresenta-se como o mais adequado a concretizar a universalidade dos valores abstratos das Declarações de Direitos Fundamentais.[22]

Segundo Comparato, os Pactos internacionais da ONU de 1966 foram o desfecho do processo de institucionalização da democracia social iniciado pelas constituições já referidas.[23] De acordo com Celso Lafer, "a heterogeneidade jurídica que diferencia as liberdades clássicas dos direitos de crédito explica porque, tecnicamente, no plano internacional, foram elaborados dois pactos distintos no sistema de tutela dos direitos humanos na ONU: um para os direitos civis e políticos e outro para os direitos econômicos e sociais".[24] Para fins do presente estudo, refere-se unicamente o Pacto Internacional sobre Direitos Econômicos, Sociais e Culturais, o qual prevê direito ao trabalho, à previdência social, a um nível de vida adequado a

---

[21] COMPARATO, Fábio Konder. *A afirmação histórica dos direitos humanos*. 3. ed. São Paulo: Saraiva, 2004, p. 223.
[22] BONAVIDES, Paulo. *Do estado liberal ao estado social*. 8. ed. São Paulo: Malheiros, 2007, p. 32.
[23] COMPARATO, ob. cit., p.189.
[24] LAFER, Celso. *A reconstrução dos direitos humanos*. Um diálogo com o pensamento de Hannah Arendt. São Paulo: Companhia das Letras, 1988, p. 129.

todas as pessoas, inclusive à moradia, à saúde, à educação, dentre outros.

De importância inconteste é, ademais, a Constituição de Portugal, promulgada em 02 de abril de 1976, a qual se destaca em razão de seu caráter social, o que se depreende da leitura de seu preâmbulo:

> A 25 de abril de 1974, o Movimento das Forças Armadas, coroando a longa resistência do povo português e interpretando os seus sentimentos profundos, derrubou o regime fascista. Libertar Portugal da ditadura, da opressão e do colonialismo representou uma transformação revolucionária e o início de uma viragem histórica da sociedade portuguesa. A Revolução restituiu aos portugueses os direitos e liberdades fundamentais. No exercício destes direitos e liberdades, os legítimos representantes do povo reúnem-se para elaborar uma Constituição que corresponde às aspirações do País. A Assembléia Constituinte afirma a decisão do povo português de defender a independência nacional, de garantir os direitos fundamentais dos cidadãos, de estabelecer os princípios basilares da democracia, de assegurar o primado do Estado de Direito democrático e de abrir caminho *para uma sociedade socialista*, no respeito da vontade do povo português, tendo em vista a construção de um país mais livre, mais justo e mais fraterno. A Assembléia Constituinte, reunida na sessão plenária de 02 de abril de 1976, aprova e decreta a seguinte Constituição da República Portuguesa.[25] [Grifo nosso]

No que diz respeito aos direitos fundamentais, José Joaquim Gomes Canotilho[26] assevera que a Constituição portuguesa de 1976 não estabeleceu uma disciplina jurídico-constitucional unitária, pois estabeleceu um regime geral dos direitos fundamentais e um regime específico dos direitos, liberdade e garantias. Isso não significa, contudo, que entre esses dois regimes exista uma relação de exclusão ou de separação.

De especial relevância para o presente estudo, afigura-se a circunstância de que naquela constituição, os direitos sociais não foram incluídos no título referente aos direitos fundamentais, mas no Título III, o qual versa sobre os "direitos económicos, sociais e culturais", distribuídos em três capítulos acerca dos direitos e deveres sociais e direitos e deveres culturais. Assim como na Lei Fundamental alemã de 1949, esses direitos representam objetivos e metas a serem cumpridos pelo Estado,[27] e, portanto, a eles não se aplica o regime dos direitos, liberdades e garantias, que assegura a aplica-

---

[25] Texto consultado via Internet, disponível em: http://www.portugal.gov.pt/Portal/PT/Portugal/Sistema_Politico/Constituicao/06Revisao. Acesso em 06 de maio de 2009.

[26] CANOTILHO, José Joaquim Gomes. *Direito constitucional*. Coimbra: Livraria Almedina, 1991, p. 565.

[27] Idem, p. 473.

bilidade imediata dessas normas, a teor do que dispõem os artigos 17º e 18º.[28]

Importa mencionar também a Constituição da Espanha de 26 de outubro de 1978. No seu preâmbulo estão insculpidos os valores eleitos naquela carta constitucional, como se vê:

> A nação espanhola, desejando estabelecer a justiça, a liberdade e a segurança e promover o bem de todos que a integram, no uso de sua soberania, proclama a sua vontade de: Garantir a convivência democrática dentro da Constituição e das leis *de acordo com uma ordem econômica e social justa*. Consolidar um Estado de Direito que assegure o império da lei como expressão da vontade popular. Proteger a todos os espanhóis e povos da Espanha no exercício dos direitos humanos, suas culturas e tradições, línguas e instituições. Promover o progresso da cultura e da economia para assegurar a todos uma qualidade de vida digna. Estabelecer uma sociedade democrática avançada e colaborar no fortalecimento de relações pacíficas e de eficaz cooperação entre os povos. Em consequência, as Cortes aprovam e o povo espanhol ratifica a seguinte Constituição.[29] [Grifo nosso]

As previsões de direitos fundamentais constam do Título I, que tem por fundamento a ordem política e a paz social. O artigo 10 dispõe que as normas relativas aos direitos fundamentais e às liberdades reconhecidos pela Constituição serão interpretadas em conformidade com a Declaração Universal dos Direitos Humanos. Tal como previsto na constituição portuguesa, o artigo 53 circunscreve a vinculação de todos os poderes públicos aos direitos fundamentais. Em relação aos direitos sociais, reconheceu-se apenas o direito à educação (art. 27) como direito fundamental, em que pese constar do preâmbulo o desejo de convivência em uma ordem econômica e social justa.[30]

---

[28] Art. 17º (Regime dos direitos, liberdades e garantias) O regime dos direitos, liberdades e garantias aplica-se aos enunciados no título II e aos direitos fundamentais de natureza análoga. Artigo 18.º (Força jurídica) 1. Os preceitos constitucionais respeitantes aos direitos, liberdades e garantias são directamente aplicáveis e vinculam as entidades públicas e privadas. 2. A lei só pode restringir os direitos, liberdades e garantias nos casos expressamente previstos na Constituição, devendo as restrições limitar-se ao necessário para salvaguardar outros direitos ou interesses constitucionalmente protegidos. 3. As leis restritivas de direitos, liberdades e garantias têm de revestir carácter geral e abstracto e não podem ter efeito retroactivo nem diminuir a extensão e o alcance do conteúdo essencial dos preceitos constitucionais.

[29] ESPANHA. Constituición Española. *Boletín oficial del Estado*. Disponível em: http://www.boe.es/aeboe/consultas/enlaces/documentos/ConstitucionCASTELLANO.pdf. Acesso em 07 de maio de 2009. Tradução de Luciana Contreira Domingo.

[30] Artículo 10. 1. La dignidad de la persona, los derechos inviolables que le son inherentes, el libre desarrollo de la personalidad, el respeto a la ley y a los derechos de los demás son fundamento del orden político y de la paz social. 2. Las normas relativas a los derechos fundamentales y a las libertades que la Constitución reconoce se interpretarán de conformidad con la Declaración Universal de Derechos Humanos y los tratados y acuerdos internacionales sobre las mismas materias ratificados por España. Artículo 27. 1. Todos tienen el derecho a la educación. Se reconoce la libertad de enseñanza. (...) 4. La enseñanza básica es obligatoria

1.2. Os direitos sociais na história constitucional do Brasil

Na história constitucional brasileira, poucos direitos sociais constaram da Constituição Política do Império do Brasil,[31] de 25 de março de 1824, no título VIII, "Das disposições gerais e garantia dos direitos civis e políticos dos cidadãos brasileiros". O artigo 179, inciso 24 contemplava a liberdade de profissão, desde que não se opusesse aos costumes públicos, à segurança e à saúde dos cidadãos. Ledur refere que esse direito contemplava a dimensão negativa, configurando um direito de defesa frente à intervenção do Estado, o que estava relacionado à concepção de Estado Liberal vigente naquele momento.[32] O mesmo artigo previa, ainda, a gratuidade da instrução primária (inciso 32).

A Constituição de 1891, na Seção II, tratava da Declaração de Direitos, onde o artigo 72, § 24, previa o livre exercício de qualquer profissão moral, intelectual e industrial, porém sem a restrição contida na constituição precedente.[33]

A Constituição da República dos Estados Unidos do Brasil, de 16 de julho de 1934, no Título III, da Declaração de Direitos, no seu Capítulo II, intitulado Dos Direitos e Garantias Individuais, previu no art. 113 o direito ao livre exercício de qualquer profissão (inciso 13), e no inciso 34 consignou que "a todos cabe o direito de prover à própria subsistência e à de sua família, mediante trabalho honesto. O Poder Público deve amparar, na forma da lei, os que estejam em indigência".[34] Observa-se que essa constituição contemplou um primeiro esboço da assistência social, no entanto, excluiu o direito à aposentadoria.[35]

Na Constituição dos Estados Unidos do Brasil, de 10 de novembro de 1937, na parte destinada aos "Direitos e Garantias Individuais", o artigo 122 manteve o direito à liberdade de escolha da profissão (inciso 8º), mas instituiu a censura no inciso 15, alínea *a*. Em que pese a ditadura vigente à época, essa foi a primeira cons-

---

y gratuita. (...) 8. Los poderes públicos inspeccionarán y homologarán el sistema educativo para garantizar el cumplimiento de las leyes.

[31] SENADO FEDERAL. *Constituições do Brasil*. 1º Volume. Brasília: Senado Federal, 1986, p. 32-34.

[32] LEDUR, José Felipe. *Direitos fundamentais sociais*. Efetivação no âmbito da democracia participativa. Porto Alegre: Livraria do Advogado, 2009, p. 72.

[33] BARBALHO, João. *Constituição federal brasileira: comentários*. Rio de Janeiro: F. Briguiet e Cia.Editores, 1924, p. 445.

[34] SENADO FEDERAL, ob.cit, p. 171.

[35] LEDUR, ob. cit, p. 76.

tituição a contemplar um capítulo dedicado à educação e à cultura (artigos 128 a 134), o qual dispunha sobre o dever do Estado de favorecer e estimular a arte, a ciência e o ensino. Interessante é também a previsão do dever de solidariedade, insculpido no artigo 130, *verbis*:

> O ensino primário é obrigatório e gratuito. A gratuidade, porém, não exclui o dever de solidariedade dos menos para com os mais necessitados; assim, por ocasião da matrícula, será exigida aos que não alegarem, ou notoriamente não puderem alegar escassez de recursos, uma contribuição módica e mensal para a caixa escolar.[36]

Nos artigos 135 a 155, foi prevista a "Ordem Econômica", agora sem a designação "social". Ali estavam contidos diversos direitos relacionados ao trabalho, o qual era considerado um "dever social". Novamente aparece o direito à subsistência mediante trabalho honesto, o qual representava um bem e dever do Estado (art. 136). O artigo 137 continha os preceitos a serem observados na legislação trabalhista, dentre os quais cabe citar o salário mínimo (alínea *h*), a assistência médica e higiênica ao trabalhador e à gestante (alínea *l*) e a instituição de seguros de velhice, invalidez e de vida para os casos de acidente do trabalho (alínea *m*).

A Constituição de 1946 ampliou sobremaneira a previsão dos direitos sociais, voltando a introduzir um título denominado "Da Ordem Econômica e Social". O artigo 157 determinava que "a ordem econômica deve ser organizada conforme os princípios da justiça social, conciliando a liberdade de iniciativa com a valorização do trabalho humano". O parágrafo único dispunha que "a todos é assegurado trabalho que possibilite existência digna. O trabalho é obrigação social".[37] Naquele título foram inseridos os seguintes direitos: salário mínimo capaz de atender às necessidades do trabalhador e de sua família, participação obrigatória e direta do trabalhador nos lucros da empresa, proibição de trabalho noturno a menores de 18 anos, fixação das percentagens de empregados brasileiros nos serviços públicos dados em concessão e nos estabelecimentos de determinados ramos do comércio e da indústria, assistência aos desempregados, obrigatoriedade da instituição, pelo empregador, do seguro contra acidentes do trabalho, o direito de greve e a liberdade de associação patronal ou sindical.

O Título VI, "Da Família, da Educação e da Cultura", estabelecia que a educação devia inspirar-se nos princípios da liberdade e

---

[36] SENADO FEDERAL, *Constituições do Brasil*. 1º v. Brasília: Senado Federal, 1986, p. 216.
[37] Idem, p. 288.

nos ideais de solidariedade humana (art. 166). O artigo 169 determinava a aplicação de um percentual não inferior a dez por cento da renda dos impostos na manutenção e desenvolvimento do ensino. Em razão dessas previsões, Ledur afirma que "mediante a Constituição de 1946, o Brasil reencontra-se com a democracia".[38]

A Constituição de 1967, no texto anterior à emenda n° 01/1969, previu no artigo 158 uma série de direitos aos trabalhadores, os quais visavam à melhoria de sua condição social, tais como previdência social e o direito de aposentadoria para a mulher aos trinta anos de trabalho com salário integral. De acordo com Ledur, essa constituição foi inovadora em relação aos direitos sociais, pois "normas que antes da Constituição de 1967 se limitavam a preceitos endereçados ao legislador ordinário passaram a abrigar *direitos de natureza constitucional*".[39]

Impende apontar que a Emenda Constitucional n° 01 de 17/10/1969 alterou praticamente todo o texto anterior, mas em relação aos direitos sociais praticamente não houve modificações, no que diz respeito aos direitos dos trabalhadores e à educação.

Os direitos sociais na Constituição Federal de 1988 serão abordados pormenorizadamente em tópico específico.

1.3. Conceito

Uma vez delineada a evolução dos direitos sociais no tempo, cumpre referir, ainda que com alguma brevidade, no que consistem os direitos sociais.

Esses direitos trazem como característica mais marcante o fato de que são direitos que pressupõem uma conduta ativa por parte do ente estatal. Isso significa que só se realizam mediante a atuação do Estado, por meio de políticas públicas e ações governamentais, ao contrário do que preconizava o modelo liberal, onde a efetivação dos direitos de liberdade se dava pela inatividade estatal, ou seja, a concretização dos referidos direitos acontecia pela não interferência do Estado. Assim aponta Canotilho, como se vê:

---

[38] LEDUR, José Felipe. *Direitos fundamentais sociais*. Efetivação no âmbito da democracia participativa. Porto Alegre: Livraria do Advogado, 2009, p. 76.
[39] Idem, p. 77.

Daí a problemática dos direitos sociais que, ao contrário do que a teoria liberal defendia, não postula a abstinência estadual, antes exige uma intervenção pública estritamente necessária à realização destes direitos; a intervenção estadual é concedida não como um limite mas como um fim do Estado.[40]

Desse modo, e em consonância com o que aponta o autor mencionado, os direitos sociais passam a figurar como fins a serem perseguidos por esse novo modelo de Estado que começara a surgir. De acordo com Lafer, essa complementação dos direitos de primeira geração deve-se ao legado do socialismo, por meio das reivindicações dos menos favorecidos de "participar do 'bem-estar social', entendido como os bens que os homens, através de um processo coletivo, vão acumulando no tempo".[41] Por esse motivo, o autor denomina os direitos sociais de "direitos de crédito" do indivíduo em relação à coletividade, ressaltando, contudo, que o titular desses direitos é o indivíduo.

Desse modo, os direitos sociais são direitos que ensejam pretensões positivas a serem realizadas pelo Estado, ou seja, seu dever em relação ao indivíduo não mais se restringe à abstenção de condutas lesivas aos tradicionais direitos de liberdade. Nessa segunda dimensão de direitos, o Estado assume o dever de fornecedor de prestações, por meio de uma atuação positiva.

No entanto, é preciso referir que os direitos sociais não se limitam às prestações positivas, mas também abrangem as chamadas "liberdades sociais", a exemplo do direito de greve, direito a férias, dentre outros, conforme a lição de Ingo Wolfgang Sarlet.[42] Desse modo, os direitos sociais também comportam posições negativas, ou seja, em alguns casos serão direitos de defesa. De acordo com o referido autor, o emprego da expressão "social" justifica-se pelo fato de que os direitos sociais podem ser considerados uma densificação do princípio da justiça social, uma vez que nasceram para tentar equilibrar as históricas desigualdades, especialmente econômicas, que ainda hoje vigoram entre a classe operária e a classe empregadora. Vale mencionar, também, a lição de José Eduardo Faria, para quem "os direitos sociais não configuram um direito de igualdade, baseado em regras de julgamento que implicam um tratamento formalmente uniforme; são, isto sim, um direito das preferências e das

---

[40] CANOTILHO, José Joaquim Gomes. *Direito constitucional*. Coimbra: Livraria Almedina, 1991, p. 519.
[41] LAFER, Celso. *A reconstrução dos direitos humanos*. Um diálogo com o pensamento de Hannah Arendt. São Paulo: Companhia das Letras, 1988, p. 127.
[42] SARLET, Ingo Wolfgang. *A eficácia dos direitos fundamentais*. 9. ed. Porto Alegre: Livraria do Advogado, 2008, p. 55.

desigualdades, ou seja, um direito discriminatório com propósitos compensatórios".[43]

Assim, observa-se que aos direitos sociais também pode ser atribuído o papel de conciliadores dos valores da igualdade e da liberdade, o que já fora apontado por Bobbio.[44]

Analisando esse aspecto, Vicente de Paulo Barreto esclarece a representação dos direitos sociais, como se infere:

> Transitamos então para um novo patamar conceitual, onde os direitos sociais irão representar a integração dos princípios da igualdade material e da liberdade real, que não é aquela meramente proclamada nos textos legais. Os direitos sociais adquirem um novo papel no sistema jurídico, deixando de ser simples expedientes funcionais, destinados a compensar situações de desigualdade, e passando a atuar como núcleos integradores e legitimadores do bem comum, pois será através deles que se poderá garantir a segurança, a liberdade, a sustentação e continuidade da sociedade humana.[45]

Como se viu, ainda que de forma sucinta, os direitos sociais podem ser entendidos como resultado das reivindicações de caráter social, na sequência do Estado Liberal, as quais pretendiam legitimar a verdadeira igualdade por meio de direitos que assegurassem um mínimo em condições materiais com vistas à concretização da justiça social.

1.4. A proteção dos direitos sociais na Constituição de 1988

De forma pioneira na história constitucional brasileira, a Constituição Federal de 1988 erigiu os direitos sociais à categoria de direitos fundamentais, ao incluí-los, expressamente, sob o Título II, "Dos Direitos e Garantias Fundamentais". Esse caráter de fundamentalidade reconhecido a direitos que antes (desde a Constituição de 1934) apenas se enquadravam na categoria de direitos econômicos e sociais, pode ser entendido como um compromisso do legislador constituinte em construir uma sociedade um pouco mais

---

[43] FARIA, José Eduardo. O Judiciário e os direitos humanos e sociais: notas para uma avaliação da justiça brasileira. In: FARIA, José Eduardo (org.). *Direitos humanos, direitos sociais e justiça*. São Paulo: Malheiros, 2002, p. 105.

[44] Ver nota 3, supra.

[45] BARRETO, Vicente de Paulo. Reflexões sobre os direitos sociais. In: SARLET, Ingo Wolfgang (org.). *Direitos Fundamentais Sociais*. Estudos de Direito Constitucional, Internacional e Comparado. Rio de Janeiro: Renovar, 2003, p. 119.

equilibrada, dadas as gritantes diferenças sociais que sempre (e ainda hoje) permearam a sociedade brasileira.

Já no preâmbulo – que, embora não seja vinculante, reflete os valores mais caros à sociedade brasileira – observa-se o propósito do constituinte de construir um Estado Democrático, destinado a assegurar a concretização dos direitos sociais. Além disso, o art. 3º revela os objetivos da República Federativa do Brasil, dentre os quais se destacam a construção de uma sociedade livre, justa e solidária (inciso I) e a redução das desigualdades sociais e regionais (inciso II, parte final). Esses objetivos tornam a aparecer em outras partes do texto constitucional, a exemplo do que se infere do art. 170, o qual está inserido no capítulo que trata dos princípios gerais da atividade econômica.

Admite-se hoje que os direitos sociais são meio de atingir os valores eleitos pelo constituinte, especialmente porque são direitos que visam à igualdade e à melhoria das condições de vida da população em geral. Nesse sentido, Bonavides[46] afirma que "nasceram abraçados ao princípio da igualdade, do qual não se podem separar, pois fazê-lo equivaleria a desmembrá-los da razão de ser que os ampara e estimula".

É de se reconhecer o bom passo dado pelo legislador constituinte ao atribuir o caráter de fundamentalidade aos direitos sociais, mormente num país que desde sempre foi marcado por gritantes diferenças sociais, além de marcar a mudança dos bens a serem protegidos pelo Estado, resultado da passagem do modelo liberal para o modelo social. Essa é a análise promovida por Bobbio, como se vê:

> De resto, também a esfera dos direitos de liberdade foi se modificando e ampliando, em função de inovações técnicas no campo da transmissão e difusão das idéias e das imagens e do possível abuso que se pode fazer dessas inovações, algo inconcebível quando o próprio uso não era possível ou era tecnicamente difícil. *Isso significa que a conexão entre mudança social e mudança na teoria e na prática dos direitos fundamentais sempre existiu; o nascimento dos direitos sociais apenas tornou essa conexão mais evidente, tão evidente que agora já não pode ser negligenciada.*[47] [Grifo nosso]

Embora muitos desses direitos sejam de expressão coletiva, o que se pretende proteger, ao final, é o indivíduo, e, em última ins-

---

[46] BONAVIDES, Paulo. *Curso de direito constitucional*. 15. ed. São Paulo: Malheiros, 2004, p. 564.
[47] BOBBIO, Norberto. *A era dos direitos*. Rio de Janeiro: Elsevier, 2004, p. 91.

tância, a dignidade da pessoa humana, a qual faz parte da essência e da identidade da constituição brasileira.[48]

Assim, necessário que se aponte o caráter de fundamentalidade dos referidos direitos, tanto no plano formal, quanto material.

A fundamentalidade formal se evidencia pela inserção dos direitos sociais no Título II, "Dos Direitos e Garantias Fundamentais". Certamente que essa foi uma opção consciente do legislador constituinte, na busca da efetivação dos fins do Estado Democrático e Social.

Numa estreita síntese, pode-se afirmar que a fundamentalidade formal diz respeito à colocação de determinados direitos sob o *status* de norma formalmente constitucional. Esse é o entendimento de Sarlet, para quem a fundamentalidade formal está ligada ao direito constitucional positivo, e resulta dos seguintes aspectos:

> [...] a) como parte integrante da constituição escrita, os direitos fundamentais situam-se no ápice de todo o ordenamento jurídico, de tal sorte que – neste sentido – se cuida de direitos de natureza *supralegal*; b) na qualidade de normas constitucionais, encontram-se submetidos aos limites formais (procedimento agravado) e materiais (cláusulas pétreas) da reforma constitucional (art. 60 da CF); c) cuida-se de normas diretamente aplicáveis e que vinculam de forma imediata as entidades públicas e privadas (art. 5 º, § 1º, da CF).[49] [Grifo do autor]

Desse modo, conclui-se que os direitos sociais gozam da proteção reforçada própria das normas constitucionais, quer pelo seu caráter de norma hierarquicamente superior, quer pela sua inclusão no rol das cláusulas pétreas. De acordo com Ana Carolina Lopes Olsen[50] "em virtude dessa característica específica – a positivação jurídico-constitucional – é possível afirmar que os direitos fundamentais encontram maior grau de efetividade, pois contam com uma estrutura judiciária capaz de obrigar os destinatários das normas respectivas ao seu devido cumprimento". Vale apontar, contudo, a advertência bem indicada por Sarlet, no sentido de que a inserção dos direitos sociais nos textos constitucionais não reduz as

---

[48] SARLET, Ingo Wolfgang. *A eficácia dos direitos fundamentais*. 9. ed. Porto Alegre: Livraria do Advogado, 2008. De acordo com o autor, "o princípio da dignidade da pessoa humana, constitui, em verdade, uma norma legitimadora de toda a ordem estatal e comunitária, demonstrando, em última análise, que a nossa Constituição é, acima de tudo, a Constituição da pessoa humana por excelência". p. 120-121. No mesmo sentido, reportando-se ao sentimento grego de dignidade: MARTINEZ, Gregorio Peces-Barba. *Derechos sociales y positivismo jurídico*. Madrid: Editorial Dykinson, 1999, p. 9.

[49] SARLET, Ingo Wolfgang. *A eficácia dos direitos fundamentais*. 9. ed. Porto Alegre: Livraria do Advogado, 2008, p. 86.

[50] OLSEN, Ana Carolina Lopes. *Direitos fundamentais sociais*. Efetividade frente à reserva do possível. Curitiba: Juruá, 2008, p. 31.

objeções a esses direitos nem minimiza a problemática ligada a sua efetivação.[51]

Além disso, os direitos fundamentais situam-se no mesmo plano hierárquico das outras normas constitucionais originárias. Torna-se imperioso compreender que os direitos sociais constituem objetivos estatais a serem perseguidos e urgem ser apreendidos dentro de um sistema constitucional.[52] Conforme Luís Roberto Barroso, "a visão estrutural, a perspectiva de todo o sistema, é vital. A Constituição, em si, em sua dimensão interna, constitui um sistema, [...] que se interpreta como um todo harmônico [...]".[53] Por tal razão, Bonavides afirma que o princípio da unidade da Constituição é o que preserva seu espírito.[54] No mesmo sentido, preleciona Sarlet:

> Não há, a evidência, como reconhecer uma relação pautada pela diferença hierárquica entre estes e as demais normas constitucionais originárias, já que inviável a existência de normas constitucionais originárias inconstitucionais. A posição dos direitos fundamentais – que não podem ser considerados uma espécie de supercodificação – relativamente ao restante da ordem constitucional deve, neste contexto, ser analisada à luz do princípio da unidade da Constituição, resolvendo-se os inevitáveis conflitos por meio dos mecanismos de ponderação e harmonização dos princípios em pauta.[55]

No que tange à caracterização dos direitos sociais como cláusulas pétreas, mesmo após vinte anos da promulgação da CF, surgem algumas objeções, especialmente porque o texto constitucional se utiliza da expressão "direitos e garantias individuais", o que não in-

---

[51] SARLET, Ingo Wolfgang. Direitos sociais como direitos fundamentais: seu conteúdo, eficácia e efetividade no atual marco jurídico-constitucional brasileiro. In: LEITE, George Salomão e SARLET, Ingo Wolfgang (Coord.). *Direitos fundamentais e Estado Constitucional*. Estudos em homenagem a J. J. Gomes Canotilho. São Paulo: Editora Revista dos Tribunais; Coimbra: Coimbra Editora, 2009, p. 215.

[52] Conforme Flávia Piovesan, "o sistema jurídico define-se, pois, como uma ordem axiológica ou teleológica de princípios jurídicos que apresentam verdadeira função ordenadora, na medida em que salvaguardam valores fundamentais. A interpretação das normas constitucionais advém, desse modo, de critério valorativo extraído do próprio sistema constitucional" (PIOVESAN, Flávia. *Proteção judicial contra omissões legislativas*. Ação direta de inconstitucionalidade por omissão e mandado de injunção. 2. ed. Revista, atualizada e ampliada. São Paulo: Editora Revista dos Tribunais, 2003, p. 43).

[53] BARROSO, Luís Roberto. *Interpretação e aplicação da constituição*. 2. ed. São Paulo: Saraiva, 1998, p. 127-128.

[54] De acordo com o autor: "É o princípio que, por excelência, preserva o espírito da Constituição. E tratando-se de interpretar direitos fundamentais, avultam a sua autoridade e prestígio, na medida em que a natureza sistêmica, imanente ao mesmo, pode conduzir, entre distintas possibilidades interpretativas, à eleição daquela que realmente, estabelecendo uma determinada concordância fática, elimina contradições e afiança a unidade do sistema". BONAVIDES, Paulo. *Curso de direito constitucional*. 15. ed. São Paulo: Malheiros, 2004, p. 595.

[55] SARLET, Ingo Wolfgang. *A eficácia dos direitos fundamentais*. 9. ed. Porto Alegre: Livraria do Advogado, 2008, p. 85.

cluiria, portanto, os direitos sociais. Contudo, há que se reconhecer que essa é uma interpretação literal e restritiva.[56] Esta também é a leitura de Rodrigo Brandão, conforme se infere do seguinte tópico:

> Inicialmente, cumpre salientar que a atribuição de um peso definitivo ao elemento gramatical esbarra na insuficiência do seu uso exclusivo no âmbito da moderna hermenêutica jurídica, revelando-se, na hipótese vertente, especialmente despropositada, à vista (i) da fluidez semântica e da densidade moral dos "direitos e garantias individuais", (ii) da circunstância de o próprio constituinte haver aberto o elenco de direitos expressos na Constituição (art. 5º, § 2º), e (iii) da notável imprecisão terminológica do constituinte no que concerne à positivação dos direitos fundamentais do indivíduo.[57]

Desse modo, vê-se que a interpretação gramatical certamente não é a que melhor corresponde à vontade do constituinte, tendo em vista que aos direitos sociais foi garantido o caráter de direitos fundamentais. Sarlet[58] menciona que se tal interpretação prevalecesse "teríamos de reconhecer que não apenas os direitos sociais (artigos 6º a 11), mas também os direitos de nacionalidade (artigos 12 e 13), bem como os direitos políticos (artigos 14 a 17, com exceção do direito de voto) estariam todos excluídos da proteção outorgada pela norma contida no artigo 60, § 4º, inc. IV, de nossa Lei Fundamental".[59] Argumenta-se, ademais, que se o constituinte desejasse incluir os direitos sociais no rol das cláusulas pétreas o teria feito expressamente. No entanto, esse viés interpretativo desconsidera algumas peculiaridades da constituição brasileira. Assim, pode-se rebater a referida concepção ao considerar que se os direitos sociais não fossem dotados da distintiva nota de fundamentalidade, o constituinte poderia ter repetido a tradição constitucional brasileira

---

[56] Nesse sentido, Paulo Bonavides refere que "a interpretação comprimida e restritiva só é factível, pois, mediante conceitos jurídicos de aplicação rigorosa que estampam a face de um constitucionalismo desde muito abalado e controvertido em suas fronteiras materiais, bem como nas suas antigas bases de sustentação e legitimidade; seria, por conseqüência, um constitucionalismo inconformado com o advento de novos direitos [...]" (BONAVIDES, ob. cit., p. 638).

[57] BRANDÃO, Rodrigo. São os direitos sociais cláusulas pétreas? Em que medida? In: SOUZA NETO, Claudio Pereira de e SARMENTO, Daniel (Coords.). *Direitos sociais*. fundamentos, judicialização e direitos sociais em espécie. Rio de Janeiro: Lumen Júris, 2008, p. 462.

[58] SARLET, Ingo Wolfgang. Os Direitos Fundamentais Sociais na Constituição Federal de 1988: resistências à sua eficácia e efetividade. In: VIEIRA, José Ribas. (Org.). *20 anos da Constituição Cidadã de 1988:* efetivação ou impasse institucional? Rio de Janeiro: Forense, 2008, v. 1, p. 291-318.

[59] No mesmo sentido, Rodrigo Brandão: "De parte isto, a exegese em exame redunda na exclusão do elenco de cláusulas intangíveis dos direitos sociais, dos direitos políticos e dos direitos à nacionalidade [...]" BRANDÃO, Rodrigo. São os direitos sociais cláusulas pétreas? Em que medida? In: SOUZA NETO, Claudio Pereira de e SARMENTO, Daniel (Coords.). *Direitos sociais*. Fundamentos, judicialização e direitos sociais em espécie. Rio de Janeiro: Lumen Juris, 2008, p. 462-463.

a esse respeito e não incluir os direitos sociais no título destinado aos direitos e garantias fundamentais. Além disso, como relembra Sarlet,[60] no caso da constituição brasileira não existe distinção de regime jurídico entre direitos de defesa e direitos prestacionais, a exemplo da Constituição portuguesa, o que já foi mencionado alhures.[61] Essa convivência dos direitos de primeira e segunda geração (ou dimensão) é mencionada também por Brandão, a teor do que se lê:

> Com efeito, de uma leitura sistêmica da Constituição de 1988 não se verifica hierarquia jurídica ou mesmo axiológica entre direitos de defesa e prestacionais, ou de direitos de uma dimensão em prejuízo dos demais. Ao contrário, percebe-se uma fina sintonia entre o constituinte de 1988 e a tese da indivisibilidade e da interdependência das "gerações" ou dimensões de direitos fundamentais, a qual vem gozando de primazia no direito internacional dos direitos humanos.[62]

Dessa forma, negar aos direitos sociais a blindagem oferecida pela norma constitucional em comento significaria voltar as costas às novas perspectivas veiculadas pela proteção reforçada de todos os direitos fundamentais. Nessa senda, vale mencionar a lição de Flávia Piovesan:

> Constata-se uma nova topografia constitucional, tendo em vista que o texto de 1988, em seus primeiros capítulos, apresenta avançada Carta de direitos e garantias, elevando-os, inclusive, a cláusula pétrea, o que, mais uma vez, revela a vontade constitucional de priorizar os direitos e garantias fundamentais.[63]

A inclusão dos direitos sociais no conceito de "direitos e garantias individuais" significa, ainda, a busca por outros valores que não apenas aqueles do modelo liberal. Representa uma superação desse modelo, que não atende aos objetivos preconizados na constituição vigente. Convém recordar (e assumindo o risco da repetição) que sempre estará em questão a dignidade da pessoa humana, que não resta afastada por direitos de expressão coletiva, pois as cole-

---

[60] SARLET, Ingo Wolfgang. Direitos sociais como direitos fundamentais: seu conteúdo, eficácia e efetividade no atual marco jurídico-constitucional brasileiro. In:LEITE, George Salomão e SARLET, Ingo Wolfgang (Coord.). *Direitos Fundamentais e Estado Constitucional*. Estudos em homenagem a J. J. Gomes Canotilho. São Paulo: Editora Revista dos Tribunais; Coimbra: Coimbra Editora, 2009, p. 228.

[61] Cf. nota 25.

[62] BRANDÃO, Rodrigo. São os direitos sociais cláusulas pétreas? In: SOUZA NETO, Claudio Pereira de e SARMENTO, Daniel (Coords.). *Direitos sociais*. Fundamentos, judicialização e direitos sociais em espécie. Rio de Janeiro: Lumen Júris, 2008, p. 463-464.

[63] PIOVESAN, Flávia. *Proteção judicial contra omissões legislativas*. Ação direta de inconstitucionalidade por omissão e mandado de injunção. 2. ed. Revista, atualizada e ampliada. São Paulo: Editora Revista dos Tribunais, 2003, p. 43.

tividades são formadas por indivíduos. Essa é a interpretação de Bonavides:

> A observância, a prática e a defesa dos direitos sociais, a sua inviolável contextura formal, premissa indeclinável de uma construção material sólida desses direitos, formam hoje o pressuposto mais importante com que fazer eficaz a dignidade da pessoa humana nos quadros de uma organização democrática da Sociedade e do Poder.[64]

Desponta, novamente, a necessidade de se compreender a constituição de forma sistemática,[65] de modo a conformar a interpretação das normas com os princípios, que são, afinal, os valores essenciais do sistema jurídico como um todo.

Desse modo, a inclusão dos direitos sociais no rol das cláusulas pétreas é meio de impedir que sejam suprimidos, bem como de assegurar a promoção e o atendimento dos já aludidos objetivos constitucionais. Isso significa que a proteção insculpida no art. 60, § 4º dialoga com a concepção de Estado eleita pela Constituição de 1988. Nesse ponto, impende destacar a lição de Sarlet:

> [...] verifica-se, desde já, a íntima vinculação dos direitos fundamentais sociais com a concepção de Estado consagrada pela nossa Constituição, sem olvidar que tanto o princípio do Estado Social quantos os direitos fundamentais sociais integram os elementos essenciais, isto é, a identidade de nossa Constituição [...][66]

Uma vez explicitada a fundamentalidade formal, cumpre referir que esta não se apresenta suficiente a elucidar de forma completa o caráter de fundamentalidade dos direitos sociais.

Surge, assim, a necessidade de buscar uma fundamentalidade material dos direitos sociais. Esta diz respeito aos direitos que, por

---

[64] BONAVIDES, Paulo. *Curso de direito constitucional*, p. 642. O autor refere, ademais, que "só uma hermenêutica constitucional dos direitos fundamentais em harmonia com os postulados do Estado Social e democrático de Direito pode iluminar e guiar a reflexão do jurista para a resposta da alternativa acima esboçada, que tem por si a base de legitimidade haurida na tábua dos princípios gravados na própria Constituição (arts. 1º, 3º e 170) e que, conforme vimos, fazem irrecusavelmente inconstitucional toda inteligência restritiva da locução jurídica "direitos e garantias individuais" (art. 60, § 4º, IV), a qual não pode, assim, servir de argumento nem de esteio à exclusão dos direitos sociais, p. 644-645.

[65] No mesmo sentido, leciona Ingo Sarlet: "Todas essas considerações revelam que apenas por meio de uma interpretação sistemática se poderá encontrar uma resposta satisfatória no que concerne ao problema da abrangência do art. 60, § 4º, da CF". (SARLET, Ingo Wolfgang. Direitos sociais como direitos fundamentais: seu conteúdo, eficácia e efetividade no atual marco jurídico-constitucional brasileiro. In: LEITE, George Salomão e SARLET, Ingo Wolfgang (Coord.). *Direitos fundamentais e Estado Constitucional*. Estudos em homenagem a J. J. Gomes Canotilho. São Paulo: Editora Revista dos Tribunais; Coimbra: Coimbra Editora, 2009, p. 229).

[66] Idem, p. 229.

seu conteúdo, podem ser considerados fundamentais, ainda que fora do catálogo previsto na Constituição.

Em razão disso, a própria Constituição Federal prevê norma que contempla um conceito materialmente aberto de direitos fundamentais, insculpida no § 2º do art. 5º.[67] A referida previsão coaduna-se com os diversos direitos sociais previstos no corpo do texto constitucional, deixando claro que o rol descrito no Título II não é exaustivo. Um bom exemplo disso seriam os direitos previstos no Título VIII, da "Ordem Social", a qual tem como base a justiça social. Nesse sentido, reafirma-se o papel dos direitos sociais como meio de atingir a tão almejada justiça social, corolário dos objetivos estatais, especialmente o que trata da redução de desigualdades sociais. No entanto, não é tarefa fácil identificar quais direitos gozariam da referida nota de fundamentalidade, estejam eles no texto constitucional ou fora dele.

Assim, o mencionado autor explicita os argumentos que amparam a inclusão dos direitos sociais na norma de abertura material expressamente consignada na Constituição de 1988. O primeiro diz respeito ao texto da norma do art. 5º, § 2º, o qual não faz distinção entre os direitos que pretende acolher, pois enuncia que "os direitos e garantias expressos nesta Constituição não excluem outros [...]". O segundo argumento trata da inserção dos direitos sociais no título destinado aos direitos fundamentais, o que por si só já autoriza uma interpretação a favor da abrangência desses direitos pela norma em comento. Ademais, o referido autor aponta que a formulação do art. 6º da Constituição enumera alguns direitos sociais, e encerra com a expressão "na forma desta Constituição", viabilizando, portanto, a inclusão de outros direitos sociais que possam ser encontrados ao longo do texto constitucional.[68]

De acordo com Sarlet, embora exista um consenso sobre a abertura material do catálogo de direitos fundamentais, observa-se uma lacuna, especialmente porque não há propostas tendentes a definir o conteúdo de direitos materialmente constitucionais.[69] A tarefa de identificar tais direitos torna-se ainda mais árdua pelo fato de que a disposição constitucional fala de direitos "decorrentes do regime e dos princípios" adotados. Isso significa que, a partir de

---

[67] Art. 5º, § 2º: Os direitos e garantias expressos nesta Constituição não excluem outros decorrentes do regime e dos princípios por ela adotados, ou dos tratados internacionais em que a República Federativa do Brasil seja parte.

[68] SARLET, Ingo Wolfgang. *A eficácia dos direitos fundamentais*. 10. ed. Porto Alegre: Livraria do Advogado, 2009, p. 82.

[69] Idem, p. 96.

uma interpretação calcada nos princípios, podem decorrer direitos não positivados, conforme novamente apontado por Sarlet.[70]

Assim, a cláusula de abertura material garante uma amplitude interpretativa importante, pois abre caminho para construções doutrinárias e jurisprudenciais futuras, uma vez que não seria razoável exigir do constituinte que pudesse prever toda sorte de direitos. Essa é a percepção de Sarlet:

> Importante, neste contexto, é a constatação de que o reconhecimento da diferença entre direitos formal e materialmente fundamentais traduz a idéia de que o direito constitucional brasileiro (assim como o lusitano) aderiu a certa ordem de valores e de princípios, que, por sua vez, não se encontra necessariamente na dependência do Constituinte, mas que também encontra respaldo na idéia dominante de Constituição e no senso jurídico coletivo.[71]

Desse modo, depreende-se que a norma de abertura material representa a possibilidade de composição de novos direitos, especialmente se forem consideradas as constantes mudanças nos paradigmas sociais, o que, por sua vez, aponta para a necessidade desse reconhecimento. Por essa razão, afirma Menelick de Carvalho Netto que a cláusula de abertura material do art. 5°, § 2°, faz as vezes de "moldura de um processo de permanente aquisição de novos direitos fundamentais".[72] Observa-se, assim, que a fundamentalidade dos direitos vai além do conteúdo, pois as escolhas do constituinte estão necessariamente subordinadas ao momento histórico, à cultura e às necessidades ali presentes.

Em razão do exposto, pode-se militar em favor da aplicação do regime jurídico diferenciado a direitos materialmente fundamentais que não estejam previstos no catálogo, pois a norma de abertura material perderia sentido, uma vez que uma das notas distintivas dos direitos fundamentais é justamente o regime jurídico reforçado.

No que diz com a interpretação da referida cláusula em relação aos direitos sociais, vale mencionar a lição de Vicente de Paulo Barreto, para quem esses direitos representam um novo paradigma, vez que acrescem aos direitos humanos uma dimensão social, sem que configurem caridade. E prossegue:

---

[70] SARLET, Ingo Wolfgang. *A eficácia dos direitos fundamentais*. 10. ed. Porto Alegre: Livraria do Advogado, 2009, p. 97.

[71] Idem, p. 80.

[72] NETTO, Menelick de Carvalho. A hermenêutica constitucional e os desafios postos aos direitos fundamentais. In: SAMPAIO, José Adércio Leite (Org.). *Jurisdição constitucional e direitos fundamentais*. Belo Horizonte: Del Rey, 2003, p. 154.

> Os direitos sociais, como direitos nascidos, precisamente, em virtude e como resposta à desigualdade social e econômica da sociedade liberal, constituem-se como *núcleo normativo central do estado democrático de direito*.[73] [Grifo nosso]

Além dos argumentos expostos, o fundamento jurídico dos direitos sociais está em consonância com o modelo de Estado democrático e social eleito pela Constituição de 1988. Nessa senda, Carlos Bernal Pulido assevera que "a concepção subjacente ao Estado social de direito reconhece que, junto à liberdade, o indivíduo tem certas necessidades básicas cuja satisfação também deve ser garantida por meio dos direitos fundamentais".[74]

No mesmo sentido, e reiterando a necessidade de acolher a vontade do Constituinte, impende mencionar a lição de Sarlet:

> [...] percebe-se que é preciso respeitar a vontade expressamente enunciada do Constituinte, no sentido de que o qualificativo de social não está exclusivamente vinculado a uma atuação positiva do Estado na promoção e na garantia de proteção e segurança social, como instrumento de compensação de desigualdades fáticas manifestas e modo de assegurar um patamar pelo menos mínimo de condições para uma vida digna [...][75]

Assim, pode-se concluir que, se a própria constituição elegeu uma forma de Estado de cunho social,[76] amparada em princípios de justiça social tendentes a reduzir desigualdades e voltados ao bem estar econômico de todos, a cláusula insculpida no § 2º do art. 5º abrange também os direitos sociais.

---

[73] BARRETO, Vicente de Paulo. Reflexões sobre os direitos sociais. In: SARLET, Ingo Wolfgang (org.). *Direitos Fundamentais Sociais*. Estudos de Direito Constitucional, Internacional e Comparado. Rio de Janeiro: Renovar, 2003, p.110.

[74] PULIDO, Carlos Bernal. Fundamento, Conceito e Estrutura dos Direitos Sociais. Uma crítica a "Existem direitos sociais?" de Fernando Atria. In: SOUZA NETO, Cláudio Pereira de e SARMENTO, Daniel (Coords.). *Direitos Sociais*. Fundamentos, judicialização e direitos sociais em espécie. Rio de Janeiro: Lumen Juris, 2008, p. 153.

[75] SARLET, Ingo Wolfgang. Direitos sociais como direitos fundamentais: seu conteúdo, eficácia e efetividade no atual marco jurídico-constitucional brasileiro. In: LEITE, George Salomão e SARLET, Ingo Wolfgang (Coord.). *Direitos fundamentais e Estado Constitucional*. Estudos em homenagem a J. J. Gomes Canotilho. São Paulo: Editora Revista dos Tribunais; Coimbra: Coimbra Editora, 2009, p. 220.

[76] Segundo a lição de Carlos Bernal Pulido, "dentro do esquema do Estado social de direito, os direitos sociais podem ser fundamentados de duas formas: de forma independente ou como meios para garantir o exercício real das liberdades. (PULIDO, Carlos Bernal. Fundamento, Conceito e Estrutura dos Direitos Sociais. Uma crítica a "Existem direitos sociais?" de Fernando Atria. In: SOUZA NETO, Cláudio Pereira de e SARMENTO, Daniel (Coords.). *Direitos Sociais*. Fundamentos, judicialização e direitos sociais em espécie. Rio de Janeiro: Lumen Juris, 2008, p. 145).

1.5. Direitos sociais e a aplicabilidade imediata dos direitos fundamentais

Em razão do reconhecimento constitucional dos direitos sociais como direitos fundamentais, impõe-se a conclusão lógica de que também estão sujeitos ao que determina o art. 5º, § 1º, da CF/88, que prevê a aplicação imediata das "normas definidoras dos direitos e garantias fundamentais".

No entanto, essa constatação, que, à primeira vista, se afigura bastante óbvia, encontra uma série de objeções. A primeira delas refere-se à eficácia dos direitos fundamentais, considerados por alguns doutrinadores como normas programáticas, ou seja, normas de eficácia limitada. Assim, vale mencionar o conceito proposto por Flávia Piovesan sobre as referidas normas, conforme se vê:

> Como se sabe, as normas constitucionais programáticas são normas que veiculam programas constitucionais de atuação dos poderes públicos, programas a serem desenvolvidos mediante providências integrativas da vontade do constituinte, visando a consecução dos fins sociais do Estado. Situam-se, as normas programáticas, como verdadeiras normas de "justiça social".[77]

José Afonso da Silva, em sua consagrada obra dedicada à aplicabilidade das normas constitucionais, sustenta que as normas definidoras dos direitos sociais são normas programáticas,[78] dotadas, portanto, de eficácia limitada, a teor do que se lê:

> As normas de eficácia limitada são todas as que não produzem, com a simples entrada em vigor, todos os seus efeitos essenciais, porque o legislador constituinte, por qualquer motivo, não estabeleceu, sobre a matéria, uma normatividade para isso bastante, deixando essa tarefa ao legislador ordinário ou a outro órgão do Estado.[79]

Assim, as normas extraídas dos direitos sociais teriam condições apenas de prescrever programas sociais a serem adotados pelo Estado e, por esse motivo, alguns doutrinadores sustentam que a regra da aplicabilidade imediata não poderia ser aplicada[80] a essa categoria de direitos.[81]

---

[77] PIOVESAN, Flávia C. *Constituição e transformação social*: a eficácia das normas constitucionais programáticas e a concretização dos direitos e garantias fundamentais. Revista da Procuradoria Geral do Estado de São Paulo nº 37, junho de 1992, p. 63-74.

[78] SILVA, José Afonso da. *Aplicabilidade das normas constitucionais*. 7. ed. São Paulo: Malheiros, 2007, p. 140.

[79] Idem, p. 82-83.

[80] Nesse sentido, preleciona SARLET: "Estes, por exigirem um comportamento ativo dos destinatários, suscitam dificuldades diversas, que levaram boa parte dos autores, a negar-lhes

No entanto, a não realização dos direitos sociais que dimanam das aludidas normas programáticas pela falta de regulamentação desmerece o próprio direito,[82] ou seja, a inação estatal por falta de lei viola o direito e a norma que o prevê, a qual seria destituída de sentido caso não pudesse gerar qualquer efeito. Desse modo, pode-se sugerir um contrassenso na teoria do autor mencionado, uma vez que admite que todas as normas constitucionais são dotadas de alguma eficácia.[83] Nessa esteira, assiste razão a Flávia Piovesan, como se infere da passagem abaixo:

> Atente-se, ademais, que a Constituição de 1988, no intuito de reforçar a imperatividade das normas que traduzem direitos e garantias fundamentais, institui o princípio da aplicabilidade imediata das normas definidoras de direitos e garantias fundamentais, nos termos de seu art. 5º, § 1º. Inadmissível, por conseqüência, torna-se a inércia do Estado quanto à concretização de direito fundamental, posto que a omissão estatal viola a ordem constitucional, tendo em vista a exigência de ação, o dever de agir no sentido de garantir o direito fundamental. Implanta-se um constitucionalismo concretizador dos direitos fundamentais.[84]

---

aplicabilidade imediata e, em razão disto, plena eficácia" (SARLET, Ingo Wolfgang. *A eficácia dos direitos fundamentais*. Uma teoria geral dos direitos fundamentais na perspectiva constitucional. 10. ed. Porto Alegre: Livraria do Advogado, 2009, p. 260).

[81] Esta é posição de Celso Bastos, como se vê: "Seria um manifesto disparate querermos dar aplicação a essas normas independentemente do fato de estarem elas a fazer remissão a uma legislação integradora". (BASTOS, Celso Ribeiro. MARTINS, Ives Gandra. *Comentários à Constituição do Brasil*. 2. vol. São Paulo: Saraiva, 1989, p. 392).

[82] Conforme Norberto Bobbio: "O campo dos direitos do homem – ou, mais precisamente, das normas que declaram, reconhecem, definem, atribuem direitos ao homem, aparece, certamente, como aquele onde é maior a defasagem entre a posição da norma e sua efetiva aplicação. E essa defasagem é ainda mais intensa precisamente no campo dos direitos sociais. Tanto é assim que, na Constituição italiana, as normas que se referem a direitos sociais foram chamadas pudicamente de "programáticas". Será que já nos perguntamos alguma vez que gênero de normas são essas que não ordenam, proíbem ou permitem hit et nunc, mas ordenam, proíbem e permitem num futuro indefinido e sem um prazo de carência claramente delimitado? E, sobretudo, já nos perguntamos alguma vez que gênero de direitos são esses que tais normas definem? Um direito cujo reconhecimento e cuja efetiva proteção são adiados sine die, além de confiados à vontade de sujeitos cuja obrigação de executar o "programa" é apenas uma obrigação moral ou, no máximo, política, pode ainda ser chamado corretamente de "direito"?" (BOBBIO, Norberto. *A era dos direitos*. Rio de Janeiro: Elsevier, 2004, p. 92).

[83] "Temos que partir, aqui, daquela premissa já tantas vezes enunciada: não há norma constitucional alguma destituída de eficácia. Todas elas irradiam efeitos jurídicos, importando sempre uma inovação da ordem jurídica preexistente à entrada em vigor da constituição a que aderem e a nova ordenação instaurada. O que se pode admitir é que a eficácia de certas normas constitucionais não se manifesta na plenitude dos efeitos jurídicos pretendidos pelo constituinte enquanto não se emitir uma normação jurídica ordinária ou complementar executória, prevista ou requerida". (SILVA, José Afonso da. *Aplicabilidade das normas constitucionais*. 7. ed. São Paulo: Malheiros, 2007, p. 81).

[84] PIOVESAN, Flávia. *Proteção judicial contra omissões legislativas*. Ação direta de inconstitucionalidade por omissão e mandado de injunção. 2. ed. Revista, atualizada e ampliada. São Paulo: Editora Revista dos Tribunais, 2003, p. 44.

Assim, não se pode conceber uma norma constitucional que por si só não seja capaz de produzir algum efeito. Nessa senda, impõe-se discordar da afirmação de José Afonso da Silva no sentido de que as normas constitucionais que definem os direitos sociais não são autoaplicáveis. Conforme Flávia Piovesan "constata-se, contudo, a séria problemática da aplicabilidade de tais normas, cuja inobservância implica, como consequência imediata, a violação de direitos e garantias fundamentais".[85] Em que pesem as afirmações já apontadas, José Afonso da Silva reconhece que:

> O valor contido no § 1º do art. 5º está na obrigação das instituições estatais de atender aos direitos fundamentais na medida de suas condições. Além disso, numa situação concreta levada ao Poder Judiciário, este não poderá deixar de aplicar a norma em comento, conferindo ao interessado o direito reclamado.[86]

Importa mencionar, ainda, a posição de Celso Bastos em relação ao significado do § 1º do art. 5º, para quem "o que deve ser entendido pelo dispositivo ora comentado é que as normas definidoras dos direitos e garantias fundamentais têm aplicação imediata tanto quanto possível".[87]

Dentre as apontadas restrições à aplicabilidade imediata aos direitos sociais, alega-se a dependência de fatores econômicos a sua concretização, bem como a necessidade de amparo institucional. No entanto, esse argumento mostra-se insuficiente diante do fato de que todos os direitos fundamentais, sejam eles de defesa ou prestacionais, reclamam do Estado algum dispêndio econômico, ainda que indiretamente. Essa é a conclusão de Virgílio Afonso da Silva:

> Não são apenas aqueles direitos garantidos pelo que convencionou chamar de "norma de eficácia limitada" que exigem uma ação onerosa ao Estado, mas também as liberdades públicas e os direitos políticos (e todos os outros direitos). Com isso, pretende-se demonstrar, então, que a *limitação da eficácia de determinadas normas não é algo intrínseco a elas*. Uma norma não é de eficácia limitada por uma questão meramente textual ou "estritamente jurídica". Essa limitação depende

---

[85] PIOVESAN, Flávia. *Proteção judicial contra omissões legislativas*. Ação direta de inconstitucionalidade por omissão e mandado de injunção. 2. ed. Revista, atualizada e ampliada. São Paulo: Editora Revista dos Tribunais, 2003, p. 63-74.

[86] SILVA, José Afonso da. *Aplicabilidade das normas constitucionais*. 7. ed. São Paulo: Malheiros, 2007, p. 165.

[87] BASTOS, Celso Ribeiro. MARTINS, Ives Gandra. *Comentários à Constituição do Brasil*. 2. vol. São Paulo: Saraiva, 1989, p. 393. Entretanto, o autor aponta exceções: "Em síntese, o conteúdo deste parágrafo consiste no seguinte: o princípio vigorante é o da aplicabilidade imediata, que, no entanto, cede em duas hipóteses: a) quando a Constituição expressamente refere que o direito acenado só será exercitado nos termos e na forma da lei; b) quando o preceito constitucional for destituído de elementos mínimos que assegurem sua aplicação, é dizer, não pode o vazio semântico ser tão acentuado a ponto de forçar o magistrado a converter-se em legislador".

muito mais de opções político-ideológicas que não têm necessária relação com o texto constitucional. Toda norma, a partir desse ponto de vista, tem eficácia limitada – mas algumas delas, por razões extrínsecas, têm melhores condições de produzir efeitos.[88]

Diante de tais considerações, observa-se que a questão da aplicabilidade imediata está diretamente ligada à eficácia das normas, entendida como a capacidade que estas têm de produzir efeitos concretos. Assim, o referido autor defende a tese de que todas as normas dependem da atuação estatal para produzir efeitos e questiona a necessidade de uma distinção de eficácia no tocante aos direitos sociais.[89]

Desse modo, é necessário que se busque o sentido da norma veiculada pelo art. 5º, § 1º, no intuito de apanhar a vontade do Constituinte. Com este propósito, colige-se o magistério de Sarlet:

> Neste contexto, verificar-se-á que até mesmo os defensores mais ardorosos de uma interpretação restritiva da norma reconhecem que o Constituinte pretendeu, com sua expressa previsão no texto, evitar um esvaziamento dos direitos fundamentais, impedindo que os "permaneçam letra morta no texto da Constituição", de tal sorte que podemos considerar tal constatação um dos esteios da nossa construção [...][90]

De sorte que parece mais acertada a posição daqueles que entendem ser aludida regra aplicável a todos os direitos fundamentais, materialmente considerados. A localização desses direitos no texto constitucional já seria suficiente para que lhes fosse atribuído o caráter de diretamente aplicáveis,[91] especialmente porque o dispositivo se utiliza da expressão "direitos e garantias fundamentais". Por isso, Sarlet sustenta que "mesmo em se procedendo a uma interpretação meramente literal, não há como sustentar uma redução do âmbito de aplicação da norma a qualquer das categorias específicas de direitos fundamentais consagradas em nossa Constituição [...]".[92]

---

[88] SILVA, Virgílio Afonso da. *Direitos fundamentais:* conteúdo essencial, restrições e eficácia. São Paulo: Malheiros, 2009, p. 232.

[89] Idem. "Aqui, a questão é outra: é saber se entre as liberdades públicas e os direitos sociais há uma diferença que fundamente a distinção entre normas de eficácia plena (embora restringíveis) e normas de eficácia limitada" p. 235.

[90] SARLET, Ingo Wolfgang. *A eficácia dos direitos fundamentais.* 10. ed. Porto Alegre: Livraria do Advogado, 2009, p. 264.

[91] Contra: TORRES, Ricardo Lobo. *Tratado de direito constitucional financeiro e tributário.* Vol. III. Rio de Janeiro: Renovar, 2005, p. 185. "[...] o só critério topográfico não autoriza a assimilação dos direitos sociais pelos fundamentais".

[92] SARLET, Ingo Wolfgang. *A eficácia dos direitos fundamentais.* 10. ed. Porto Alegre: Livraria do Advogado, 2009, p. 262.

No entanto, além deste, há outros argumentos que levam à conclusão de que não se podem excluir os direitos sociais da norma de aplicabilidade imediata dos direitos fundamentais.

Em que pesem as dificuldades fáticas à plena realização dos direitos sociais, exclui-los da abrangência da norma do § 1º do art. 5º equivaleria a retirar-lhes a fundamentalidade, pois a nota distintiva dos direitos fundamentais é justamente a possibilidade de serem exigidos judicialmente por força da constituição, que atribuiu a aplicabilidade imediata a todos os direitos fundamentais, conforme ensina Sarlet:

> O Constituinte de 1988, além de ter consagrado expressamente uma gama variada de direitos fundamentais sociais, considerou todos os direitos fundamentais como normas de aplicabilidade imediata. Além disso, já se verificou que boa parte dos direitos fundamentais sociais (as assim denominadas liberdades sociais) se enquadra, por sua estrutura normativa e por sua função, no grupo dos direitos de defesa, razão pela qual não existem maiores problemas em considerá-los normas auto-aplicáveis, mesmo de acordo com os padrões da concepção clássica referida.[93]

O reconhecimento da aplicabilidade imediata às normas definidoras dos direitos sociais não invalida, contudo, a constatação de que existem normas cuja eficácia não pode ser atingida plenamente, ou seja, algumas normas dependerão sim de interposição legislativa para que surtam seus efeitos de forma completa. Nesse sentido, Sarlet refere que os instrumentos processuais do mandado de injunção e da ação de inconstitucionalidade por omissão são uma prova de que existem normas dependentes de interposição do legislador, e que estes instrumentos se encontram a serviço da aplicabilidade imediata e da efetividade das normas constitucionais.[94]

É preciso ter presente, todavia, que a necessidade de lei para garantir a máxima eficácia das normas constitucionais não pode servir de argumento à inação estatal, daí a afirmação de Flávia Piovesan de que a ação de inconstitucionalidade por omissão seria uma sanção à inatividade, como se vê:

> Essa inovação constitucional expressa ruptura com a concepção que admite na Constituição um elenco de normas destituídas de qualquer aparato sancionatório, que não apresentam qualquer resposta à sua violação, que não ordenam, proíbem ou permitem em lapso temporal determinado e, sobretudo, normas que estão condicionadas unicamente à vontade do poder, que a assume como obrigação moral ou, no máximo, política. Fixa-se, assim, a idéia de que todas as normas constitucionais

---

[93] SARLET, Ingo Wolfgang. *A eficácia dos direitos fundamentais*. 10. ed. Porto Alegre: Livraria do Advogado, 2009, p. 268.

[94] Idem, p. 265.

são verdadeiras normas jurídicas dotadas de aplicabilidade, que desempenham função útil no ordenamento. A nenhuma pode dar-se uma interpretação que lhe retire ou diminua a razão de ser.[95]

Ademais, é preciso aplaudir a grande mudança ocorrida na história constitucional brasileira. Pela primeira vez os direitos sociais foram alçados à condição de direitos fundamentais, tornando-se vinculantes para todos os poderes estatais: saíram da "Ordem Econômica e Social" para figurar no topo da constituição.

O não reconhecimento da aplicabilidade imediata dos direitos sociais configuraria um retrocesso enorme em relação às duras e lentas conquistas nessa seara. Nesse sentido, encerra-se o presente tópico com o lúcido magistério de Sarlet:

> Negar-se aos direitos fundamentais esta condição privilegiada significaria, em última análise, negar-lhes a própria fundamentalidade. Não por outro motivo – isto é, pela sua especial relevância na Constituição – já se afirmou que, em certo sentido, os direitos fundamentais (e a estes poderíamos acrescentar os princípios fundamentais) governam a ordem constitucional.[96]

1.6. A dupla dimensão objetiva e subjetiva dos direitos sociais: algumas aproximações

Além das considerações feitas em torno da positivação dos direitos sociais na Constituição brasileira, é necessário salientar as dimensões objetiva e subjetiva no que diz respeito a esses direitos, uma vez que se admite que os direitos fundamentais atuem como princípios condutores de todo o sistema constitucional vigente.

A consequência imediata dessa conclusão é que também se poderá exigir que os direitos sociais sejam satisfeitos na maior medida possível, conforme se pretende demonstrar.

Assim, na esteira do que sustenta Canotilho, "fala-se de uma fundamentação objetiva de uma norma consagradora de um direito fundamental quando se tem em vista o seu significado para a colectividade, para o interesse público, para a vida comunitária".[97]

---

[95] PIOVESAN, Flávia. *Proteção judicial contra omissões legislativas*. Ação direta de inconstitucionalidade por omissão e mandado de injunção. 2. ed. Revista, atualizada e ampliada. São Paulo: Editora Revista dos Tribunais, 2003, p. 81.

[96] SARLET, Ingo Wolfgang. *A eficácia dos direitos fundamentais*. 10. ed. Porto Alegre: Livraria do Advogado, 2009, p. 272.

[97] CANOTILHO, José Joaquim Gomes. *Direito constitucional*. Coimbra: Livraria Almedina, 1991, p. 546.

Observa-se que a dimensão objetiva dos direitos fundamentais extrapola a relação Estado-indivíduo, de modo que tais direitos passam a ser reconhecidos como interesses comunitários, fornecendo diretrizes para toda a atuação estatal, operando como verdadeiros referenciais axiológicos.[98] É nesse sentido que José Carlos Vieira de Andrade afirma que:

> Os direitos fundamentais não podem ser pensados apenas do ponto de vista dos indivíduos, enquanto faculdades ou poderes de que estes são titulares, antes valem juridicamente também do ponto de vista da comunidade, como valores ou fins que esta se propõe prosseguir.[99]

A concepção da dimensão objetiva dos direitos fundamentais remonta à célebre decisão do caso Lüth, proferida pelo Tribunal Constitucional da Alemanha, onde se reconheceu, pela primeira vez, que os direitos fundamentais se direcionam contra o Estado também como ordem objetiva de valores, e não apenas como dever de não violação, como se vê das razões da decisão:

> É correto, entretanto, que a *Grundgesetz*, que não pretende ser um ordenamento neutro do ponto de vista axiológico, estabeleceu também, em seu capítulo dos direitos fundamentais, um ordenamento axiológico objetivo, e que, justamente em função deste, ocorre um aumento da força jurídica dos direitos fundamentais [...] Esse sistema de valores, que tem como ponto central a personalidade humana e sua dignidade, que se desenvolve livremente dentro da comunidade social, precisa valer enquanto decisão constitucional fundamental para todas as áreas do direito; Legislativo, Administração Pública e Judiciário recebem dele diretrizes e impulsos.[100]

A importância histórica da referida decisão está diretamente ligada à eficácia dos direitos fundamentais, que passaram vincular todos os poderes estatais como decisões valorativas, de acordo com Sarlet, reportando-se ao caso em comento:

> Ficou consignado que os direitos fundamentais não se limitam à função precípua de serem direitos subjetivos de defesa do indivíduo contra atos do poder público, mas que, além disso, constituem decisões valorativas de natureza jurídico-objetiva

---

[98] No mesmo sentido: MENDES, Gilmar Ferreira; COELHO, Inocêncio Mártires; BRANCO, Paulo Gustavo Gonet. *Curso de Direito Constitucional*. 4. ed. São Paulo: Saraiva, 2009, p. 300: "A dimensão objetiva resulta do significado dos direitos fundamentais como princípios básicos da ordem constitucional. Os direitos fundamentais participam da essência do Estado de Direito democrático, operando como limite do poder e como diretriz para a sua ação".

[99] VIEIRA DE ANDRADE, José Carlos. *Os direitos fundamentais na Constituição Portuguesa de 1976*. Coimbra: Livraria Almedina, 1998, p. 144-145.

[100] MARTINS, Leonardo e SCHWABE, Jürgen (orgs.). *Cinqüenta Anos de jurisprudência do Tribunal Constitucional Federal Alemão*. Montevidéu: Fundação Konrad Adenauer, 2005. Caso Lüth, BVergGE 7, 198. Lüth- Urteil, de 15 de janeiro de 1958, p. 387-388.

da Constituição, com eficácia em todo o ordenamento jurídico e que fornecem diretrizes para os órgãos legislativos, judiciários e executivos.[101]

Por isso, Pieroth e Schlink defendem que os direitos fundamentais operam como normas de competência negativa, afirmando que a mudança é de perspectiva, uma vez que o caráter de direitos subjetivos desses direitos não desaparece em razão da dimensão objetiva.[102] No mesmo sentido, colige-se o entendimento de Vieira de Andrade:

> O relevo deste lado objectivo da matéria dos direitos fundamentais respeita quer a cada um dos preceitos ou grupos de preceitos que consagram os direitos específicos, quer ao conjunto de todos eles. Em ambas as perspectivas, que, aliás, se completam e integram, os direitos fundamentais revelam a existência de normas (decisões) constitucionais fundamentais que extravasam do quadro exclusivo da relação jurídica indivíduo-Estado.[103]

Desse modo, com amparo na lição de Sarlet, constata-se que o significado da dimensão objetiva garante às normas que prevêem direitos subjetivos uma função autônoma, a teor do que se infere:

> A faceta objetiva dos direitos fundamentais, [...], significa, isto sim, que às normas que prevêem direitos subjetivos é outorgada função autônoma, que transcende esta perspectiva subjetiva, e que, além disso, desemboca no reconhecimento de conteúdos normativos, e, portanto, de funções distintas aos direitos fundamentais.[104]

Dessa forma, podem ser apontados diversos resultados ou inovações constitucionais decorrentes da dimensão jurídico-objetiva dos direitos fundamentais, a exemplo dos arrolados por Bonavides, conforme se infere:

> A elevação de tais direitos à categoria de *princípios*, de tal sorte que se convertem no mais importante polo de eficácia normativa da Constituição; a eficácia vinculante,

---

[101] SARLET, Ingo Wolfgang. *A eficácia dos direitos fundamentais*. 10. ed. Porto Alegre: Livraria do Advogado, 2009, p. 143.

[102] PIEROTH, Bodo; SCHLINK, Bernhard. *Grundrechte Staatsrecht II*. 17. ed. Heidelberg: C.F. Müller, 2001, p. 20. Em igual sentido, SARLET Ingo Wolfgang. *A eficácia dos direitos fundamentais*. 10. ed. Porto Alegre: Livraria do Advogado, 2009, p. 145: "Importa consignar aqui que ao significado dos direitos fundamentais como direitos subjetivos de defesa do indivíduo contra o Estado corresponde sua condição (como direito objetivo) de normas de competência negativa para os poderes públicos, no sentido de que o *status* fundamental de liberdade e igualdade dos cidadãos se encontra subtraído da esfera de competência dos órgãos estatais, contra os quais se encontra também protegido, demonstrando que também o poder constitucionalmente reconhecido é, na verdade, juridicamente constituído e desde sua origem determinado e limitado, de tal sorte que o Estado somente exerce seu poder no âmbito do espaço de ação que lhe é colocado à disposição".

[103] VIEIRA DE ANDRADE, José Carlos. *Os direitos fundamentais na Constituição Portuguesa de 1976*. Coimbra: Livraria Almedina, 1998. Nota 4, p. 145.

[104] SARLET, Ingo Wolfgang. *A eficácia dos direitos fundamentais*. 10. ed. Porto Alegre: Livraria do Advogado, 2009, p. 144.

> cada vez mais enérgica e extensa, com respeito aos três Poderes, nomeadamente o Legislativo; aplicabilidade direta e a eficácia imediata dos direitos fundamentais, com perda do caráter de normas programáticas; a dimensão axiológica, mediante a qual os direitos fundamentais aparecem como postulados sociais que exprimem uma determinada ordem de valores e ao mesmo passo servem de inspiração, impulso e diretriz para a legislação, a administração e a jurisdição; a aquisição de um "duplo caráter", ou seja, os direitos fundamentais conservam a dimensão subjetiva – da qual nunca se podem apartar, pois se o fizessem, perderiam parte de sua essencialidade – e recebem um aditivo, uma nova qualidade, um novo feitio, que é a dimensão objetiva, dotada de conteúdo valorativo-decisório [...][105]

Para fins do presente estudo, esses aspectos serão analisados com ênfase nos direitos sociais.

Partindo da premissa de que todos os direitos fundamentais gozam também de caráter principiológico, impende reiterar que os princípios estão situados no topo do ordenamento constitucional como opção valorativa do constituinte. Desse modo, são normas de juridicidade reforçada[106] e representam mandados de otimização. Sobre o papel dos princípios no sistema constitucional, cabe trazer o magistério de Bonavides:

> A mudança atinge também a Constituição. Deixa ela de ser um sistema de normas na imagem clássica do positivismo para se transverter num sistema de valores e, a seguir, num sistema de princípios, sendo esse o ponto inquestionavelmente crítico em que a passagem do sistema valorativo ao sistema principial faz surgir o embrião da nova teoria dos valores, desde muito em gestão jurisprudencial. É a esta altura, aliás, que se reconhecem na doutrina a inteira juridicidade e hegemonia normativa e hierárquica dos princípios, os quais encarnam doravante a alma das Constituições.[107]

À questão dos direitos fundamentais na qualidade de princípios vincula-se também a aplicabilidade imediata, já referida. A

---

[105] BONAVIDES, Paulo. *Curso de direito constitucional*. 15. ed. São Paulo: Malheiros, 2004, p. 588. O autor aponta, ademais, a irradiação e a propagação dos direitos fundamentais a toda a esfera do Direito Privado; a elaboração do conceito de concretização e o emprego do princípio da proporcionalidade vinculado à hermenêutica *concretizante*.

[106] Esse é o entendimento de Bonavides: A importância jurídico-constitucional do valor assume na época contemporânea uma latitude de normatividade sem precedentes desde que os princípios foram colocados no topo da hierarquia constitucional. E os princípios são valores. E, sendo valores, são também normas, com uma dimensão de juridicidade máxima. (BONAVIDES, Paulo. *Curso de direito constitucional*. 15. ed. São Paulo: Malheiros, 2004, p. 630).

[107] BONAVIDES, Paulo. *Curso de direito constitucional*. 15. ed. São Paulo: Malheiros, 2004, p. 632. Vieira de Andrade também identifica a dimensão valorativa decorrente da dimensão objetiva dos direitos fundamentais: "Neste sentido, é legítimo falar de uma dimensão objectiva dos direitos fundamentais como dimensão valorativa, visto que medida ou alcance da sua validade jurídica (isto é, as situações ou os modos e formas legítimas do seu exercício) são *em parte* determinadas pelo seu reconhecimento comunitário, e não simplesmente remetidas para a opinião (vontade) dos seus titulares". (VIEIRA DE ANDRADE, José Carlos. *Os direitos fundamentais na Constituição Portuguesa de 1976*. Coimbra: Livraria Almedina, 1998, p. 147).

partir da conclusão de que também os direitos sociais estão sujeitos à aplicabilidade imediata, tem-se afirmado na doutrina[108] que essa previsão deve ser entendida como um mandado de maximização da eficácia daqueles direitos, devendo este mandado ser atendido por todos os poderes estatais. Em razão disso, Sarlet sustenta que:

> Se, portanto, todas as normas constitucionais sempre são dotadas de um mínimo de eficácia, no caso dos direitos fundamentais, à luz do significado outorgado ao art. 5º, § 1º, de nossa Lei Fundamental, pode-se afirmar que aos poderes públicos incumbem a tarefa e o dever de extrair das normas que os consagram (os direitos fundamentais) a maior eficácia possível, [...][109]

Assim, impende mencionar a lição de Flávia Piovesan, para quem: "Maximizar a eficácia das normas programáticas é tornar concreta a realização dos direitos e garantias fundamentais, acentuando o papel da Constituição enquanto instrumento a favor do desenvolvimento social".[110]

A acepção dos princípios como mandados de otimização remonta à teoria de Robert Alexy, por meio de sua já clássica distinção entre princípios e regras. Segundo este autor, apenas os princípios podem configurar mandados de otimização, mas não as regras, uma vez estas devem ser cumpridas integralmente. Os princípios, por sua vez, "são normas que ordenam que algo seja realizado na maior medida possível dentro das possibilidades jurídicas e fáticas existentes".[111] O significado de maior medida possível não pode ser definido de antemão, mas o papel dos direitos fundamentais como princípios pressupõe a adoção de medidas que visem concretizar o direito no seu *conteúdo máximo*, expressão cunhada por Vieira de Andrade, como se infere:

> O que acontece é que o âmbito de protecção constitucional dos direitos não inclui todas as formas pensáveis do seu exercício (há, por assim dizer, um "conteúdo máximo" dos direitos); que a intensidade da protecção normativa dos direitos não é a mesma em todas as situações; que os poderes públicos têm o dever de respeitar os direitos fundamentais, mas também o de intervir para os acondicionar, garantir

---

[108] A exemplo de Flávia Piovesan e Canotilho, que afirma: "Neste sentido, o legislador deve 'realizar' os direitos, liberdades e garantias, optimizando a sua normatividade e actualidade". (CANOTILHO, José Joaquim Gomes. *Direito constitucional e teoria da constituição*. 7. ed. Coimbra: Almedina, 2003, p. 440).

[109] SARLET, Ingo Wolfgang. *A eficácia dos direitos fundamentais*. 10. ed. Porto Alegre: Livraria do Advogado, 2009, p. 271.

[110] PIOVESAN, Flávia C. *Constituição e transformação social*: a eficácia das normas constitucionais programáticas e a concretização dos direitos e garantias fundamentais. Revista da Procuradoria Geral do Estado de São Paulo nº 37, junho de 1992, p. 73.

[111] ALEXY, Robert. *Teoria dos direitos fundamentais*. Tradução de Virgílio Afonso da Silva. São Paulo: Malheiros, 2008, p. 90.

e mesmo restringir quando se tornar necessário para salvaguarda de valores ou interesses comunitários.[112]

Assim, o caráter programático atribuído às normas que preveem direitos sociais vai perdendo força, pois a dimensão objetiva implica a adoção de medidas efetivas voltadas ao cumprimento das escolhas constitucionais.

Embora a dimensão programática possa ser relativizada no que concerne à dimensão prestacional dos direitos sociais, ela existe no sentido de imposição de deveres e tarefas para o Estado, que devem ser veiculados por meio de políticas públicas, o que, conforme já se disse, não afasta a coexistência da dimensão subjetiva, ou seja, os direitos sociais como direitos subjetivos de cunho negativo e positivo (prestacional). Nessa senda, menciona-se a anotação de Sarlet:

> Importa notar, portanto, que a assim designada dimensão programática convive com o direito (inclusive subjetivo) fundamental, não sendo nunca demais lembrar que a eficácia é das normas, que, distintas entre si, impõem deveres e/ou atribuem direitos, igualmente diferenciados quanto ao seu objeto, destinatários, etc.[113]

Nesse sentido, Canotilho aponta de que forma a dimensão objetiva modela as normas relativas aos direitos sociais, conforme se vê:

> As normas constitucionais consagradoras de direitos econômicos, sociais e culturais, modelam a dimensão objectiva através de duas formas: (1) *imposições legiferantes*, apontando para a obrigatoriedade de o legislador actuar positivamente, criando as condições materiais e institucionais para o exercício desses direitos; (2) fornecimento de prestações aos cidadãos, densificadoras da dimensão subjectiva essencial destes direitos e executoras do cumprimento das imposições constitucionais. Estas várias dimensões não devem confundir-se, pois, ao contrário do que geralmente se afirma, um direito econômico, social e cultural, não se dissolve numa mera norma programática ou numa imposição constitucional.[114]

Assim, como decorrência da dimensão objetiva, o Estado fica vinculado aos direitos fundamentais sociais num sentido proativo, cabendo ao legislador cumprir sua tarefa com vistas à realização efetiva daqueles direitos, o que significa legislar não apenas de modo a não ferir os direitos sociais, mas também de forma a criar recursos que possibilitem o seu exercício. Nesse sentido, sustenta Bonavides:

---

[112] VIEIRA DE ANDRADE, José Carlos. *Os direitos fundamentais na Constituição Portuguesa de 1976*. Coimbra: Livraria Almedina, 1998, p. 148.

[113] SARLET, Ingo Wolfgang. *A eficácia dos direitos fundamentais*. 10. ed. Porto Alegre: Livraria do Advogado, 2009, p. 295.

[114] CANOTILHO, José Joaquim Gomes. *Direito constitucional*. Coimbra: Livraria Almedina, 1991.p. 680.

Em rigor, a norma programática vincula comportamentos públicos futuros. Mediante disposições desse teor, o constituinte estabelece premissas destinadas, formalmente, a vincular o desdobramento da ação legislativa dos órgãos estatais e, materialmente, a regulamentar uma certa ordem de relações.[115]

Da mesma forma, o administrador público vincula-se aos direitos sociais por meio de prestações que devem ser fornecidas aos cidadãos. Canotilho toma como exemplo o direito à saúde, que continua sendo um direito social, independentemente das medidas tomadas pelo Estado para garantir sua eficácia,[116] de modo que o caráter programático comumente atribuído às normas que preveem direitos sociais já não pode ser invocado para considerá-las ineficazes, sob pena de tolher a juridicidade dos direitos sociais. Em igual sentido, Sarlet sustenta que admitir a dimensão programática dos direitos sociais, vinculada à dimensão objetiva desses direitos, não significa que os direitos sociais, na sua condição de direitos, sejam normas programáticas.[117] De fato, considerando que os direitos sociais são direitos positivados, a dimensão programática não poderá ser invocada como barreira à juridicidade desses direitos, conforme anota Bonavides: "A programaticidade sem juridicidade poderá enfim converter-se formal e materialmente no obstáculo dos obstáculos à edificação constitucional de um verdadeiro Estado de direito".[118]

Corroborando o entendimento até aqui referido, merece referência o magistério de Daniel Sarmento, como se observa:

> O reconhecimento da dimensão subjetiva dos direitos sociais não exclui a presença da sua dimensão objetiva. Em razão desta última, é possível detectar, por exemplo, a força irradiante dos direitos sociais, que os torna diretrizes importantes para a interpretação de outras normas e atos jurídicos; o dever do Estado de proteger terceiros e os bens e valores subjacentes a tais direitos; e a obrigação estatal de instituir organizações e procedimentos aptos a realização dos mesmos direitos.[119]

A dimensão objetiva dos direitos fundamentais pressupõe, ademais, a adoção de valores comunitários, ou seja, posições jurídicas que dizem respeito a toda a sociedade. Por isso, uma decorrên-

---

[115] BONAVIDES, Paulo. *Curso de direito constitucional.* 15. ed. São Paulo: Malheiros, 2004, p. 246-247.

[116] CANOTILHO, ob. cit.p. 680.

[117] SARLET, Ingo Wolfgang. *A eficácia dos direitos fundamentais.* 10. ed. Porto Alegre: Livraria do Advogado, 2009, p. 294.

[118] BONAVIDES, Paulo. *Curso de direito constitucional.* 15. ed. São Paulo: Malheiros, 2004, p. 251.

[119] SARMENTO, Daniel. A proteção judicial dos direitos sociais: alguns parâmetros ético-jurídicos. In: SOUZA NETO, Claudio Pereira de e SARMENTO, Daniel (Coords.). *Direitos sociais.* Fundamentos, judicialização e direitos sociais em espécie. Rio de Janeiro: Lumen Júris, 2008, p. 568.

cia dessa dimensão é a possibilidade de restringir direitos subjetivos individuais em prol de interesses comunitários, na esteira do que leciona Sarlet:

> É neste sentido que se justifica a afirmação de que a perspectiva objetiva dos direitos fundamentais não só legitima restrições aos direitos subjetivos individuais com base no interesse comunitário prevalente, mas também que, de certa forma, contribui para a limitação do conteúdo e do alcance dos direitos fundamentais, ainda que deva sempre ficar preservado o núcleo essencial destes, de tal sorte que não se poderá sustentar uma funcionalização da dimensão subjetiva (individual ou transindividual) em prol da dimensão objetiva (comunitária e, neste sentido, sempre coletiva), no âmbito de uma supremacia apriorística do interesse público sobre o particular.[120]

Além das funções já referidas que decorrem da dimensão objetiva dos direitos fundamentais, importa mencionar o reconhecimento dos deveres de proteção do Estado, conforme aponta Sarlet:

> Outra importante função atribuída aos direitos fundamentais e desenvolvida com base na existência de um dever geral de efetivação atribuído ao Estado, por sua vez agregado à perspectiva objetiva dos direitos fundamentais, diz com o reconhecimento de deveres de proteção (*Schutzpflichten*) do Estado, no sentido de que a este incumbe zelar, inclusive preventivamente, pela proteção dos direitos fundamentais dos indivíduos não somente contra os poderes públicos, mas também contra agressões provindas de particulares e até mesmo de outros Estados.[121]

Ernst-Wolfgang Böckenförde reconhece, igualmente, os deveres de proteção como decorrência da dimensão jurídico-objetiva dos direitos fundamentais, chegando mesmo a questionar se o dever de proteção não seria o conceito central desta dimensão. O autor menciona que "os direitos fundamentais como normas de princípio ou decisões axiológicas denotam um conteúdo normativo determinado que exige ser realizado; não são direitos que perseguem a abstenção, mas que pretendem a atuação e proteção destes conteúdos".[122]

---

[120] SARLET, ob. cit, p. 146. Neste sentido, ver também, Olsen: "Na medida em que se reconhece a dimensão objetiva dos direitos fundamentais sociais como direitos relacionados aos valores difundidos em toda a comunidade, e cuja realização acaba por tocar a esfera de todos os cidadãos, também é possível deduzir o fundamento de legitimidade de restrições a estes direitos na sua dimensão subjetiva individualista, já que a satisfação do direito fundamental de um cidadão poderá comprometer direitos e bens jurídicos de toda a sociedade. Dessa forma, o conteúdo e o alcance das normas de direitos fundamentais não poderão ser dimensionados exclusivamente a partir da perspectiva subjetiva do titular do direito, mas deverão ser ponderados com esfera jurídica em concreto de todos os cidadãos". (OLSEN, Ana Carolina Lopes. *Direitos fundamentais sociais. Efetividade frente à reserva do possível.* Curitiba: Juruá, 2008, p. 91-92).

[121] SARLET, Ingo Wolfgang. *A eficácia dos direitos fundamentais.* 10. ed. Porto Alegre: Livraria do Advogado, 2009, p. 148.

[122] BÖCKENFÖRDE, Ernst-Wolfgang. *Escritos sobre derechos fundamentales.* Baden-Baden: Nomos Verlag, 1993, p. 114-115.

Assim, não se tratam aqui de deveres diretamente vinculados a um direito fundamental, mas de deveres que competem ao Estado com o intuito de proteger os direitos fundamentais, no sentido de adotar medidas jusfundamentais por meio de instituições estatais, prestações e procedimentos também nas situações em que o indivíduo não tem, em princípio, o correspondente direito subjetivo, conforme lecionam Pieroth e Schlink.[123]

De acordo com Casalta Nabais, os deveres correlativos a direitos fundamentais dispensam positivação constitucional, por se tratarem de correspondência lógica daqueles direitos, como se deduz:

> Com efeito, justamente porque aqueles deveres são deveres correlativos de direitos, compreende-se que eles dispensem a sua previsão constitucional directa ou expressa. Na verdade, constituindo a parte ou a face passiva de cada um dos direitos fundamentais, eles estão constitucionalmente previstos nas normas que consagram os correspondentes direitos.[124]

Desse modo, depreende-se que os deveres fundamentais representam categoria autônoma, que "não se limita a deveres em relação a direitos individuais mas alcança também deveres de natureza política, bem como deveres sociais, econômicos, culturais e ambientais".[125] Em estreita síntese, são deveres que se destinam ao legislador, que está diretamente vinculado aos conteúdos normativos que emanam dos deveres fundamentais, conforme leciona Nabais:

> [...] o primeiro destinatário das normas constitucionais relativas aos deveres fundamentais é o legislador ordinário. Este está, na verdade, vinculado quanto à existência e quanto ao conteúdo dos deveres objecto de concretização na constituição.[126]

Neste ponto, vale mencionar a lição de Peter Häberle no tocante à dogmática dos direitos fundamentais no Estado prestacional, a qual dialoga com o desenvolvimento da dimensão objetiva, como se conclui:

> O *status negativus* não é mais suficiente a enfrentar novos riscos aos direitos fundamentais. No Estado democrático a teoria dos *status* deve partir do *status ativus*, que passa a ser o *status* fundamental. A partir dele desenvolve-se um variado ins-

---

[123] PIEROTH, Bodo; SCHLINK, Bernhard. *Grundrechte Staatsrecht II*. 17. ed. Heidelberg: C.F. Müller, 2001, p. 21.

[124] NABAIS, Casalta. *Por uma liberdade com responsabilidade*. Coimbra: Livraria Almedina, 2007, p. 168.

[125] SARLET, Ingo Wolfgang. *A eficácia dos direitos fundamentais*. 10. ed. Porto Alegre: Livraria do Advogado, 2009, p. 229.

[126] NABAIS, Casalta. *Por uma liberdade com responsabilidade*. Coimbra: Livraria Almedina, 2007, p. 174.

trumental com os seguintes elementos: garantias jusfundamentais como direitos fundamentais sociais em sentido amplo, como objetivos constitucionais e tarefas sociais, como direitos prestacionais subjetivos e como máximas de interpretação para a jurisprudência.[127]

Essa proposição remete ao reconhecimento de novas funções aos direitos fundamentais, conforme se procurou demonstrar.

Além do breve esboço acerca do desenvolvimento da dimensão objetiva dos direitos fundamentais, cumpre referir, ainda, a dimensão subjetiva destes direitos, sempre com enfoque reforçado nos direitos sociais. No entanto, importa mencionar a amplitude de todos os direitos fundamentais, os quais abarcam várias categorias, não se restringindo à classificação genérica entre direitos de defesa e direitos prestacionais. Quanto aos últimos, por exemplo, reconhece-se uma subdivisão em direitos a prestações em sentido amplo; onde se incluem direitos à proteção e direitos à participação na organização e procedimento e direitos a prestações em sentido estrito, conforme a divisão proposta por Sarlet.[128]

Dito isso, observa-se que a dimensão subjetiva dos direitos fundamentais se presume, na esteira do que preleciona Canotilho, pois os direitos pertencem, inicialmente, ao indivíduo, a teor do que se infere:

> A tese da subjectivação dos direitos fundamentais considera, por conseguinte, que os direitos são, em primeira linha, direitos individuais. Daqui resulta um segundo corolário: se um direito fundamental está constitucionalmente protegido como direito individual, então esta protecção efectua-se sob a forma de *direito subjectivo*.[129]

Desse modo, pode-se admitir que a dimensão subjetiva, que assegura ao direito fundamental a qualidade de direito subjetivo, confere-lhe exigibilidade judicial, conforme aponta Sarlet:

> Aliado à noção de direito subjetivo em sentido amplo, está, de outra banda, o reconhecimento de determinado grau de exigibilidade (ou justiciabilidade, se preferirmos), que, no entanto, é de intensidade variável e dependente da normatividade de cada direito fundamental. [...] Neste contexto, quando – no âmbito da assim denominada perspectiva subjetiva – falamos de direitos fundamentais subjetivos, estamo-nos referindo à possibilidade que tem o seu titular (considerado como tal a pessoa individual ou ente coletivo a quem é atribuído) de fazer valer judicialmente os poderes, as liberdades ou mesmo o direito à ação ou às ações negativas ou po-

---

[127] HÄBERLE, Peter. *Grundrechte im Leistungsstaat*. Berlin: Walter de Gruyter, 1972, p. 73.
[128] SARLET, Ingo Wolfgang. *A eficácia dos direitos fundamentais*. 10. ed. Livraria do Advogado: Porto Alegre, 2009, p. 167.
[129] CANOTILHO, José Joaquim Gomes. *Direito constitucional*. Coimbra: Livraria Almedina, 1991, p. 547.

sitivas que lhe foram outorgadas pela norma consagradora do direito fundamental em questão.[130]

No que diz respeito aos direitos sociais, admite-se modernamente a sua exigibilidade judicial, o que deve ser aplaudido, tendo em vista que até pouco tempo a doutrina e a jurisprudência não aceitavam essa possibilidade em razão do cunho programático das normas que prevêem esses direitos.[131] Nesse sentido, vale mencionar a lição de Sarmento:

> Conceber os direitos sociais como normas programáticas implica deixá-los praticamente desprotegidos diante das omissões estatais, o que não se compatibiliza nem com o texto constitucional, que consagrou a aplicabilidade imediata de *todos* os direitos fundamentais, nem com a importância destes direitos para a vida das pessoas.[132]

Em que pese a já referida dimensão programática das normas definidoras de direitos sociais, há vários argumentos em favor de sua exigibilidade judicial, especialmente porque esses direitos "são a pedra fundamental da delimitação entre as decisões constitucionais e a política, uma vez que seu reconhecimento judicial afeta tanto a política econômica, como a competência legislativa", de acordo com Rodolfo Arango.[133] Este autor defende a tese cognitiva dos direitos, segundo a qual "é possível reconhecer direitos fundamentais sociais de forma objetiva, sem substituir o sistema democrático por um Estado judicial e sem adotar uma posição moralista". Segundo ele, a referida tese "pretende ser a abordagem mais defensável de um Estado constitucional e democrático".[134]

Não restam dúvidas de que grande parte dos direitos sociais só se realiza por meio de políticas públicas, o que desperta novamente a problemática da exigibilidade desses direitos, pois seria vedado ao Poder Judiciário interferir na adoção e consecução das referidas

---

[130] SARLET, Ingo Wolfgang. *A eficácia dos direitos fundamentais*. 10. ed. Porto Alegre: Livraria do Advogado, 2009, p. 154.

[131] MELLO, Cláudio Ari. Os direitos fundamentais sociais e o conceito de direito subjetivo. In: MELLO, Cláudio Ari (coord.). *Os desafios dos direitos sociais*. Porto Alegre: Livraria do Advogado, 2005, p. 105: "Até meados da década de 90 do século passado, a doutrina constitucional e os tribunais brasileiros recusavam aos direitos sociais a natureza de direitos subjetivos e qualificavam-nos como meras normas programáticas sem força coercitiva".

[132] SARMENTO, Daniel. A proteção judicial dos direitos sociais: alguns parâmetros ético-jurídicos. In: SOUZA NETO, Claudio Pereira de e SARMENTO, Daniel (Coords.). *Direitos sociais*. Fundamentos, judicialização e direitos sociais em espécie. Rio de Janeiro: Lumen Júris, 2008, p. 566.

[133] ARANGO, Rodolfo. Direitos fundamentais sociais, justiça constitucional e democracia. In: MELO, Cláudio Ari (coordenador). *Os desafios dos direitos sociais*. Porto Alegre: Livraria do Advogado, 2005, p. 89.

[134] Idem, p. 90.

políticas. Há que se reconhecer, de outra parte, que a efetivação dos direitos sociais pela via judicial atende aos princípios norteadores de um Estado social e democrático, ao qual a Constituição brasileira aderiu, especialmente ao que se refere à justiça social. Cabe mencionar, quanto a esse aspecto, o magistério de Arango:

> Longe de se fazer dos juízes constitucionais um grupo de moralistas autoritativos, o reconhecimento objetivo dos direitos fundamentais sociais permite a correção de situações extremas, que afetam grupos marginalizados ou discriminados, e assim torna-se crucial em uma teoria constitucional apropriada a países caracterizados por profundas desigualdades econômicas e sociais.[135]

Além dessas considerações, observa-se que a estrutura normativa dos direitos sociais não impede o seu reconhecimento como direitos subjetivos.[136] Isso não significa, no entanto, que a exigibilidade judicial desses direitos possa se dar de forma plena. São diversas as considerações em torno dos limites fáticos e jurídicos no que diz respeito a esse aspecto, dentre os quais se apontam na doutrina a escassez de recursos, as diferentes formas de realizar direitos sociais e a primazia do legislador para decidir sobre medidas a serem adotadas, como exemplifica Sarmento.[137]

Primeiramente, não há como desconsiderar que os direitos sociais têm um custo, fator que, segundo Sarlet:

> [...] Assume especial relevância no âmbito de sua eficácia e efetivação, significando, pelo menos para uma significativa parcela da doutrina, que a efetiva realização das prestações reclamadas não é possível sem que se despenda algum recurso, dependendo, em última análise, da conjuntura econômica, já que aqui está em causa a possibilidade de os órgãos jurisdicionais imporem ao poder público a satisfação das prestações reclamadas.[138]

---

[135] ARANGO, Rodolfo. Direitos fundamentais sociais, justiça constitucional e democracia. In: MELLO, Cláudio Ari (coord.). *Os desafios dos direitos sociais*. Porto Alegre: Livraria do Advogado, 2005. O autor sustenta, ademais, que "em um Estado de direito constitucional e democrático, a justiça constitucional não deve substituir os órgãos de expressão política. Ela deve propor-se a corrigir os excessos e omissões que são contrários a uma percepção mais elevada que orienta, em seu conteúdo, os atos de todas as autoridades" p. 99.

[136] MELLO, Cláudio Ari. Os direitos fundamentais sociais e o conceito de direito subjetivo. In: MELLO, Cláudio Ari (coord.). *Os desafios dos direitos sociais*. Porto Alegre: Livraria do Advogado, 2005, p. 129-130. "Com efeito, não há nada na estrutura normativa dos direitos sociais que o impeça conceitualmente de ser uma espécie de direito subjetivo e, portanto, que o impeça *por definição* de beneficiar-se do regime jurídico próprio dos direitos subjetivos em sentido técnico".

[137] SARMENTO, Daniel. A proteção judicial dos direitos sociais: alguns parâmetros ético-jurídicos. In: SOUZA NETO, Claudio Pereira de e SARMENTO, Daniel (Coord.). *Direitos sociais*. Fundamentos, judicialização e direitos sociais em espécie. Rio de Janeiro: Lumen Júris, 2008, p. 567.

[138] SARLET, Ingo Wolfgang. *A eficácia dos direitos fundamentais*. 9. ed. Porto Alegre: Livraria do Advogado, 2008, p. 305.

A problemática da questão reside em *como* dar efetividade a esses direitos. Conforme se sustentou anteriormente, a partir da inclusão dos direitos sociais no catálogo dos direitos fundamentais, estes passaram a gozar do preceito da aplicabilidade imediata, previsto no § 1º do art. 5º da CF, o que tem por consequência a possibilidade de se exigir o cumprimento desses direitos pela via judicial.[139] Quanto a esse aspecto, é preciso repisar o entendimento dos direitos sociais como direitos subjetivos, dotados de exigibilidade frente ao Estado.

Essa é a nota distintiva da atual localização e dogmática dos direitos sociais, embora sobre ela pesem diversas objeções, dentre as quais a indagação sobre quais direitos poderiam ser exigidos e de quem,[140] uma vez que não há como desconsiderar os limites fáticos e a dimensão econômica. No entanto, segundo Sarlet, o fator econômico não deve impedir a realização dos direitos sociais pela via jurisdicional, como se vê:

> Apesar disso, seguimos convictos de que, para o efeito de se admitir a imediata aplicação pelos órgãos do Poder Judiciário, o corretamente apontado "fator custo" de todos os direitos fundamentais, nunca constituiu um elemento, por si só e de modo eficiente, impeditivo da efetivação pela via jurisdicional.[141]

Mesmo para quem questiona a existência dos direitos sociais, o seu reconhecimento como direito leva à conclusão de que são justiciáveis, conforme sustenta Fernando Atria:

> Como os direitos sociais são reconhecidos como direitos (isto é, aparecem como tais nos catálogos de praticamente todas as constituições ocidentais), a conclusão forçosa é que eles são tão acionáveis como os direitos civis e políticos. Estritamen-

---

[139] Quanto a este aspecto, merece destaque a lição de Paulo Bonavides, a saber: "De juridicidade questionada nesta fase, foram eles (os direitos sociais) remetidos à chamada esfera programática, em virtude de não conterem para sua concretização aquelas garantias habitualmente ministradas pelos instrumentos processuais de proteção aos direitos de liberdade. Atravessaram, a seguir, uma crise de observância e execução, cujo fim parece estar perto, desde que recentes Constituições, inclusive a do Brasil, formularam o preceito da aplicabilidade imediata dos direitos fundamentais. De tal sorte que os direitos fundamentais da segunda geração tendem a tornar-se tão justiciáveis quanto os da primeira; pelo menos esta é a regra que já não poderá ser descumprida ou ter sua eficácia recusada com aquela facilidade de argumentação arrimada no caráter programático da norma". (BONAVIDES, Paulo. *Curso de direito constitucional*. 15. ed. São Paulo: Malheiros, 2004, p. 564-565).

[140] Ver, por exemplo, Fernando Atria, para quem não se pode identificar o sujeito obrigado, e que toda sociedade será onerada para satisfazer os direitos sociais. (ATRIA, Fernando. Existem direitos sociais? In: MELLO, Cláudio Ari (coord.). *Os desafios dos direitos sociais*. Porto Alegre: Livraria do Advogado, 2005, p. 13).

[141] SARLET, Ingo Wolfgang. Os Direitos Fundamentais Sociais na Constituição Federal de 1988: resistências à sua eficácia e efetividade. In: VIEIRA, José Ribas. (Org.). *20 Anos da Constituição Cidadã de 1988:* efetivação ou impasse institucional?. Rio de Janeiro: Forense, 2008, v. 1, p. 291-318.

te, todos eles são *igualmente* acionáveis, porque sua acionabilidade lhes vem dada pelo fato de que sejam reconhecidos (ou configurados) no sistema jurídico como *direitos*. Por assim dizer, o que os faz acionáveis é que sejam *direitos*, independentemente de serem ou não sociais.[142] [Grifos do autor]

Como argumento contrário, aponta-se, ademais, a possibilidade de malferimento do princípio da separação dos poderes, porém a efetivação dos direitos sociais por meio do Poder Judiciário viabiliza a realização da Constituição naquilo que ela tem de mais essencial: os direitos fundamentais. Assim entende Andreas Krell:

> Em princípio, o Poder Judiciário não deve intervir em esfera reservada a outro Poder para substituí-lo em juízos de conveniência e oportunidade, querendo controlar as opções legislativas de organização e prestação, a não ser, excepcionalmente, quando haja uma violação evidente e arbitrária, pelo legislador, da incumbência constitucional. No entanto, parece-nos cada vez mais necessária a revisão do vetusto dogma da Separação dos Poderes em relação ao controle dos gastos públicos e da prestação dos serviços básicos no Estado Social, visto que os Poderes Legislativo e Executivo no Brasil se mostraram incapazes de garantir um cumprimento racional dos respectivos preceitos constitucionais.[143]

No mesmo sentido, Virgílio Afonso da Silva aponta a necessidade de se reconsiderar o princípio da separação dos poderes quando se trata de direitos sociais, especialmente nos casos de descumprimento por omissão, como se vê a seguir:

> Somente nos casos de omissão infundada é que se poderia imaginar alguma margem de ação para os juízes nesse âmbito.
> Isso passaria a exigir – essa é a hipótese que aqui se defende – um diálogo constitucional entre os três Poderes. É claro que isso também exigiria que a separação rígida de Poderes, na forma como muitas vezes é defendida no Brasil, fosse repensada. [...] a simples idéia de que a não-realização de algo exigido é equivalente a uma restrição, e que exige fundamentação, pode ser o primeiro passo para uma proteção mais eficiente ou, pelo menos, para uma maior transparência no trato dos direitos sociais.[144]

---

[142] Embora o autor reconheça a acionabilidade dos direitos sociais em face do seu reconhecimento constitucional, posiciona-se contrariamente aos direitos sociais, sustentando até mesmo, que uma demanda social é a negação da ideia de comunidade, pois ao ver seu interesse atendido o demandante estaria prejudicando o interesse dos demais membros da comunidade (ATRIA, Fernando. Existem direitos sociais? In: MELLO, Cláudio Ari (coord.). *Os desafios dos direitos sociais*. Porto Alegre: Livraria do Advogado, 2005, p. 33-35).

[143] KRELL, Andreas J. *Direitos sociais e controle judicial no Brasil e na Alemanha*. Sergio Antonio Fabris Editor: Porto Alegre, 2002, p. 22. De igual modo, Arango: "O contra-argumento seria que o reconhecimento dos direitos fundamentais sociais por juízes constitucionais substituiria as decisões legislativas e a vontade política da maioria" (ARANGO, Rodolfo. Direitos fundamentais sociais, justiça constitucional e democracia. In: MELLO, Cláudio Ari (coord.). *Os desafios dos direitos sociais*. Porto Alegre: Livraria do Advogado, 2005, p. 94).

[144] SILVA, Virgílio Afonso da. *Direitos fundamentais:* conteúdo essencial, restrições e eficácia. São Paulo: Malheiros, 2009, p. 250.

Essa também foi a conclusão do Ministro Celso de Mello em recente julgamento de agravo de instrumento em recurso extraordinário, onde se buscava atendimento em creche e pré-escola:

> Embora inquestionável que resida, primariamente, nos Poderes Legislativo e Executivo, a prerrogativa de formular e executar políticas públicas, revela-se possível, no entanto, ao Poder Judiciário, ainda que em bases excepcionais, determinar, especialmente nas hipóteses de políticas públicas definidas pela própria Constituição, sejam estas implementadas, sempre que os órgãos estatais competentes, por descumprirem os encargos político-jurídicos que sobre eles incidem em caráter mandatório, vierem a comprometer, com a sua omissão, a eficácia e a integridade de direitos sociais e culturais impregnados de estatura constitucional. (AI 677274 / SP. Relator Min. CELSO DE MELLO. Julgamento: 18/09/2008. Publicação: DJe-185 DIVULG 30/09/2008. PUBLIC 01/10/2008)[145]

Desse modo, observa-se que, no caso brasileiro, tanto a Constituição quanto uma variada gama de leis já fornecem o substrato necessário à realização de políticas públicas, as quais, muitas vezes, deixam ser cumpridas por uma série de motivos que aqui não serão analisados. O que importa para o presente estudo é analisar o papel do Judiciário frente a esse descumprimento e à realização insuficiente dos direitos sociais. Assim, não há como vedar ao Judiciário uma atuação com fins de correção da má atuação dos outros poderes. Nesse aspecto, o dogma da completa separação dos poderes é bastante ingênuo e não se mostra razoável.

Há que considerar que a atuação do Judiciário pode efetivamente conter algum traço político, o que não significa necessariamente uma usurpação de competências, já que essa não é sua tarefa preponderante. Nesse sentido, ainda é atual a lição de Hans Kelsen em relação aos tribunais constitucionais, a qual pode ser harmonizada com o entendimento da atuação do Judiciário em primeira instância, tendo em vista o sistema de direitos fundamentais preconizado pela Constituição de 1988, como se infere:

> A opinião de que somente a legislação seria política – mas não a verdadeira "jurisdição" – é tão errônea quanto aquela segundo a qual apenas a legislação seria criação produtiva do direito, e a jurisdição porém, mera aplicação reprodutiva. Trata-se, em essência, de duas variantes de um mesmo erro. Na medida em que o legislador autoriza o juiz a avaliar, dentro de certos limites, interesses contrastantes entre si, e decidir conflitos em favor de um ou outro, está lhe conferindo um poder de criação do direito, e portanto um poder que dá à função judiciária o mesmo caráter político que possui – ainda que em maior medida – a legislação. Entre o caráter

---

[145] Disponível em: www.stf.jus.br. Acesso em 21 de maio de 2009.

político da legislação e o da jurisdição há apenas uma diferença quantitativa, não qualitativa.[146]

De acordo com Cláudio Pereira de Souza Neto, "atribuir aos juízes competência para concretizar direitos sociais para além do que está definido em lei, aplicando diretamente princípios abertos positivados na Constituição, também depende de uma decisão política".[147] No caso brasileiro, a opção foi pela inclusão dos direitos sociais no rol dos direitos fundamentais, os quais desfrutam de aplicabilidade imediata, de forma que isso também vale para os direitos sociais, conforme já se mencionou.

Além dos argumentos aduzidos, Gilmar Ferreira Mendes aponta que a consagração dos direitos sociais no caso brasileiro inclui a vinculação do poder público por força da eficácia vinculante que emana das garantias constitucionais do mandado de injunção e da ação direta de inconstitucionalidade por omissão.[148] Isso está a confirmar a possibilidade de se pleitear direitos sociais pela via jurisdicional. No mesmo sentido, Virgílio Afonso da Silva reconhece a abrangência dos direitos sociais, denominando-os direitos "com suporte fático amplo". Desse modo, pondera que "a não regulamentação ou a não realização daquilo exigido por esses direitos é, ainda que por omissão, uma restrição a esses direitos".[149]

A atuação do Judiciário acaba, por diversas vezes, substituindo-se à implementação inexistente ou mesmo deficiente de políticas públicas. Isso não deveria ser visto como uma invasão de competências, mas sim como fator de correção, pois a vinculação aos direitos fundamentais estende-se a todos os poderes estatais. Em razão disso, Bobbio afirma que:

> Enquanto os direitos de liberdade nascem contra o superpoder do Estado – e, portanto, com o objetivo de limitar o poder –, os direitos sociais exigem, para sua

---

[146] E prossegue: "Pois bem, tudo que se pode dizer do ponto de vista de um exame de orientação teórica é que a função de um tribunal constitucional tem um caráter político de grau muito maior que a função de outros tribunais – e nunca os defensores da instituição de um tribunal constitucional desconheceram ou negaram o significado eminentemente político das sentenças deste – mas não que por causa disso ele não seja um tribunal, que sua função não seja jurisdicional; e menos ainda: que tal função não possa ser confiada a um órgão dotado de independência judiciária" (KELSEN, Hans. *Jurisdição constitucional*. São Paulo: Martins Fontes, 2003, p. 251-253).

[147] SOUZA NETO, Claudio Pereira de. A justiciabilidade dos direitos sociais: críticas e parâmetros. In: ―― e SARMENTO, Daniel (Coords.). *Direitos sociais*. Fundamentos, judicialização e direitos sociais em espécie. Rio de Janeiro: Lumen Júris, 2008, p. 518.

[148] MENDES, Gilmar Ferreira. *Direitos fundamentais e controle de constitucionalidade*. 2. ed. São Paulo: Celso Bastos Editor, 1999, p. 46.

[149] SILVA, Virgílio Afonso da. *Direitos fundamentais: conteúdo essencial, restrições e eficácia*. São Paulo: Malheiros, 2009, p. 249.

realização prática, ou seja, para a passagem da declaração puramente verbal à sua proteção efetiva, precisamente o contrário, isto é, a ampliação dos poderes do Estado.[150]

Importa aclarar, no entanto, que em razão do reconhecimento dos direitos sociais como verdadeiros direitos fundamentais, sua não realização há que ser fundamentada, sob pena de violar o direito em questão. Essa é a conclusão de Virgílio Afonso da Silva, a saber:

> Ou seja, não se trata, pura e simplesmente, de um debate maniqueísta sobre a possibilidade de realização de direitos sociais por meio de decisões judiciais, mas da imposição de ônus argumentativos ao legislador e ao administrador. Se toda não-realização de direitos que exigem uma intervenção estatal é uma forma de restrição ao âmbito de proteção desses direitos, a conseqüência natural, como ocorre em todos os casos de restrições a direitos fundamentais, é uma exigência de fundamentação. Restrição fundamentada é restrição possível; restrição não-fundamentada é violação.[151]

Quais são as condições mínimas, ou qual o mínimo em conteúdo que deva ser satisfeito, é tarefa árdua e aferível somente no caso concreto. No entanto, essas dificuldades servem como estímulo à exploração da matéria.

O presente trabalho pretende desenvolver os limites fáticos e econômicos à concretização dos direitos sociais, especialmente a aplicação da reserva do possível, a qual serve, por diversas vezes, como escusa ao não cumprimento de prestações estatais, representando verdadeiro obstáculo ao mandado de otimização dos direitos sociais.[152]

Embora os argumentos apontados indiquem possibilidade de exigir a realização dos direitos sociais pela via judicial, surgem alguns limites, os quais serão desenvolvidos no capítulo seguinte, tais como custos dos direitos, vinculações orçamentárias e o tema central do presente trabalho, a reserva do possível.

---

[150] BOBBIO, Norberto. *A era dos direitos*. Rio de Janeiro: Elsevier, 2004, p. 87.

[151] SILVA, Virgílio Afonso da. *Direitos fundamentais:* conteúdo essencial, restrições e eficácia. São Paulo: Malheiros, 2009, p. 250.

[152] Nesse sentido: Arguição de descumprimento de preceito fundamental nº 45/Distrito Federal. Relator Ministro Celso de Mello. Publicação em 04/05/2004. Disponível em: www.stf.jus.br. Acesso em 31 de maio de 2007. Conforme o voto do Relator: "Cumpre advertir, desse modo, que a cláusula da 'reserva do possível' – ressalvada a ocorrência de justo motivo objetivamente aferível – não pode ser invocada, pelo Estado, com a finalidade de exonerar-se do cumprimento de suas obrigações constitucionais, notadamente quando, dessa conduta governamental negativa, puder resultar nulificação ou, até mesmo, aniquilação de direitos constitucionais impregnados de um sentido de essencial fundamentalidade".

2. Os direitos fundamentais, seus custos e as dimensões da reserva do possível: análise e possibilidades de superação no âmbito da concretização dos direitos sociais

O presente capítulo tem por objetivo fazer a ligação entre a dogmática e fundamentação dos direitos sociais e a questão central do presente livro, qual seja, a análise da reserva do possível e a possibilidade de superação dos seus limites em face dos direitos sociais e sua exigibilidade.

Assim, passa-se à breve abordagem acerca da questão dos custos dos direitos e sua relação com a reserva do possível, a qual será apresentada sob o aspecto histórico, bem como serão enunciadas e delineadas as suas dimensões, notadamente os seus limites fáticos, jurídicos e a sua dimensão negativa, no que diz respeito à concretização dos direitos sociais. Ademais, dentre as possibilidades de superação dos limites impostos pela reserva do possível tratar-se-á da proporcionalidade, vedação de retrocesso, ponderação de valores e mínimo existencial frente à reserva do possível. A seguir, passa-se à aplicação da noção de reserva do possível pelo Supremo Tribunal Federal, por meio da análise jurisprudencial de decisões relevantes acerca deste tema. Por fim, o presente trabalho contempla um estudo de caso, o qual tratará da Desvinculação de Receitas da União.

2.1. Os direitos e seus custos

A teor do que já foi afirmado anteriormente, torna-se imperioso abordar questão dos custos dos direitos. Pode-se afirmar, com amparo em majoritária doutrina, que todos os direitos têm custos.[153] Ao contrário do que já se pensou, não apenas os direitos a prestações positivas, mas mesmo os direitos a prestações negativas envolvem custos. No mesmo sentido, Virgílio Afonso da Silva afirma que qualquer direito implica custos e que "não são apenas aqueles direitos garantidos pelo que se convencionou chamar de 'norma de eficácia limitada' que exigem uma ação onerosa do Estado, mas também as liberdades públicas e os direitos políticos".[154] Hoje é inegável que mesmo os direitos de liberdade demandam recursos estatais. A estruturação de instituições permanentes, como a polícia e os tribunais eleitorais são exemplos do que se afirmou. Assim, o que se observa é que os custos de financiamento e manutenção dos direitos não se resumem ao aspecto econômico-financeiro, que sem dúvida é o aspecto mais imediato, entretanto podem ser referidos custos indiretos, como os derivados dos encargos institucionais de manutenção e funcionamento de estruturas estatais.

Esses custos públicos são provenientes da arrecadação conduzida pelo Estado Fiscal, o que ocorre por meio de tributos. Assim, é a arrecadação de verbas pelos entes estatais que torna viável a concretização dos direitos fundamentais.[155] No caso brasileiro, o financiamento e a promoção dos direitos sociais ocorrem por meio de tributos diversos, destacando-se neste contexto a figura das contribuições sociais, para as quais a Constituição Federal prevê finalidades específicas, como se verá com mais detalhes no estudo de caso ao final do presente capítulo.

O mero reconhecimento dos custos de todos os direitos não configura uma questão problemática. Os problemas começam a surgir, por outro lado, quando se admite a escassez de recursos estatais para a promoção dos direitos fundamentais. Tal constatação

---

[153] NABAIS, Casalta. *Por uma liberdade com responsabilidade*. Coimbra: Livraria Almedina, 2007. "Na verdade, todos os direitos têm custos comunitários, ou seja, custos financeiros públicos", p. 176.

[154] SILVA, Virgílio Afonso da. *Direitos Fundamentais. Conteúdo essencial, restrições e eficácia*. São Paulo: Malheiros, 2009, p. 232. No mesmo sentido, em relação à liberdade, ver LOPES, José Reinaldo de Lima. Em torno da "reserva do possível": "A manutenção da autoridade é um custo social e um custo distribuído segundo critérios definidos nos grandes arranjos políticos e tributários de qualquer sociedade". In: SARLET, Ingo Wolfgang e TIMM, Luciano Benetti (Orgs.). *Direitos Fundamentais, Orçamento e Reserva do Possível*. Porto Alegre: Livraria do Advogado, 2008, p. 176.

[155] Nesse sentido, NABAIS, Casalta. *Por uma liberdade com responsabilidade*. Coimbra: Livraria Almedina, 2007: "[...] todos os direitos têm por suporte meios financeiros públicos ou, noutras palavras, atenta a natureza fiscal do estado contemporâneo, todos os direitos têm por suporte fundamentalmente a figura dos impostos". p. 179. No caso brasileiro, no entanto, há outras fontes de custeio dos direitos sociais que não apenas impostos, a exemplo das contribuições sociais.

foi objeto de detida analise na obra de Stephen Holmes e Cass Sunstein, os quais afirmam que "levar os direitos a sério significa levar a escassez a sério".[156] Assim, a realização dos direitos fundamentais só poderá ser efetivada quando o Estado dispuser de verbas, ou seja, quando o orçamento público permitir gastos nesse sentido. Essa também é a conclusão de Flávio Galdino, reportando-se à obra de Holmes e Sunstein:

> Na medida em que o Estado é indispensável ao reconhecimento e efetivação dos direitos, e considerando que o Estado somente funciona em razão das contingências de recursos econômico-financeiros captadas junto aos indivíduos singularmente considerados, chega-se à conclusão de que os direitos só existem onde há fluxo orçamentário que o permita.[157]

Desse modo, a realização dos direitos fundamentais passa por escolhas, as quais deveriam refletir o processo democrático, ou seja, já que não se podem realizar todos os direitos, a sociedade, por meio de seus representantes, escolhe proteger os bens e direitos que considera mais importantes num dado momento e contexto histórico. Conforme anota José Reinaldo de Lima Lopes, "estados de escassez resultam várias vezes de escolhas feitas [...]. São as escolhas de prioridade que podem levar à escassez a uma área e não a outra".[158] Assim, assiste razão a Galdino, quando afirma que aferir os custos dos direitos importa em fazer escolhas de melhor qualidade.[159]

A necessária eleição de valores e bens a serem protegidos, as já referidas escolhas, engloba, ainda, outro aspecto, que diz respeito à relativização dos direitos protegidos. Conforme aduz Gustavo Amaral, "nada que custe dinheiro pode ser absoluto",[160] de forma que alguns direitos ficarão sujeitos à possibilidade fática de sua efetivação por parte do ente estatal. Ademais, o autor sustenta que:

> Nenhum direito cuja efetividade pressupõe um gasto seletivo dos valores arrecadados dos contribuintes pode, enfim, ser protegido de maneira unilateral pelo Judi-

---

[156] HOLMES, Stephen; SUNSTEIN, Cass R. *The cost of rights*. Why liberty depends on taxes. New York: W.W. Norton & Company, 1999, p. 94.

[157] GALDINO, Flávio. *Introdução à Teoria dos Custos dos Direitos*. Direitos não nascem em árvores. Rio de Janeiro: Lumes Juris, 2005, p. 204.

[158] LOPES, José Reinaldo de Lima. Em torno da "reserva do possível" In: SARLET, Ingo Wolfgang e TIMM, Luciano Benetti (Orgs.). *Direitos Fundamentais, Orçamento e Reserva do Possível*. Porto Alegre: Livraria do Advogado, 2008, p. 182. O autor afirma, ainda, que a judicialização dos direitos sociais chama o Estado a explicar suas escolhas e prioridades, p. 187.

[159] GALDINO, ob. cit., p. 205. "A aferição dos custos permite trazer maior qualidade às trágicas escolhas públicas em relação aos direitos. Ou seja, permite escolher melhor onde gastar os insuficientes recursos públicos".

[160] AMARAL, Gustavo. *Direito, escassez & escolha*: em busca de critérios jurídicos para lidar com a escassez de recursos e as decisões trágicas. Rio de Janeiro: Renovar, 2001, p. 78.

ciário sem considerações às conseqüências orçamentárias, pelas quais, em última instancia, os outros dois poderes são responsáveis.[161]

A satisfação de um direito pleiteado pela via judicial poderá, muitas vezes, esgotar a capacidade orçamentária do ente estatal demandado, de forma que não será mais possível prestar outros direitos fundamentais, ou até aquele mesmo direito, em demanda diversa. Assim, conforme Galdino, geralmente os juízes não relevam os efeitos econômicos ao proferirem suas decisões, as quais ficam restritas ao problema jurídico, de modo que a questão econômica acaba sendo desconsiderada.[162]

Essa reflexão também é feita por autores que preconizam a análise econômica do Direito, a exemplo de Luciano Benetti Timm, para quem "a demanda individual é o pior e mais injusto caminho para implementação de um direito social".[163]

Embora não se possa concordar com a afirmação do autor referido, já que mesmo as demandas por direitos sociais serão necessariamente demandas individuais, e o recurso à via judicial na maioria dos casos se apresenta como a única maneira de ver o direito efetivado, assiste-lhe razão quanto à possibilidade de demandas (sempre) individuais esvaziarem o orçamento e restringirem a possibilidade de realização de outros direitos sociais. Nesse sentido, Amaral ensina que a adoção de um critério de escolha sempre será necessária, pois não é viável atender a todos os pleitos em razão da finitude de meios e recursos, de modo que a adoção de "escolhas trágicas" terá como consequência o emprego de recursos em um determinado setor, deixando de atender a outro ou outros.[164]

Como se vê, a questão dos custos assume maior relevância em relação à efetivação dos direitos sociais prestacionais, na esteira do que leciona Sarlet, ao afirmar que de fato não se podem realizar prestações sociais sem o dispêndio de recursos, o que irá depender da situação econômica do país, uma vez que a decisão judicial determinará ao poder público que cumpra a prestação pleiteada.[165]

---

[161] AMARAL, Gustavo. *Direito, escassez & escolha*: em busca de critérios jurídicos para lidar com a escassez de recursos e as decisões trágicas. Rio de Janeiro: Renovar, 2001, p. 78.

[162] GALDINO, Flávio. *Introdução à Teoria dos Custos dos Direitos*. Direitos não nascem em árvores. Rio de Janeiro: Lumes Juris, 2005, p. 161.

[163] TIMM, Luciano Benetti. *Qual a maneira mais eficiente de prover direitos fundamentais: uma perspectiva de direito e economia?* In: SARLET, Ingo e TIMM, Luciano B. (Orgs.). Direitos fundamentais, Orçamento e Reserva do Possível. Porto Alegre: Livraria do Advogado, 2008, p. 67.

[164] AMARAL, Gustavo. *Direito, escassez & escolha*: em busca de critérios jurídicos para lidar com a escassez de recursos e as decisões trágicas. Rio de Janeiro: Renovar, 2001, p. 84.

[165] SARLET, Ingo Wolfgang. *A eficácia dos direitos fundamentais*. 10. ed. Porto Alegre: Livraria do Advogado, 2009, p. 285.

Desse modo, um estudo apropriado acerca da concretização de direitos sociais não pode deixar de referir a questão dos custos dos direitos. Assim, Galdino sustenta que a questão suscitada pelos custos dos direitos não pode ser o único fundamento a embasar decisões judiciais e políticas, embora não possam ser preteridos; tampouco se pode justificar uma escolha pela satisfação de direitos individuais sob o argumento de que estes não teriam custos, ao contrário dos direitos sociais, o que não é tolerável, mas por vezes acontece, conforme o autor.[166]

Todos os aspectos até aqui abordados, guardam estreita relação com a reserva do possível, na medida em que os custos dos direitos podem figurar como uma limitação à plena realização dos direitos sociais. Desse modo, passa-se a apresentar a reserva do possível, partindo da noção que pode configurar-se como limite fático e jurídico à concretização dos direitos sociais.

2.2. A reserva do possível: origem do termo

A reserva do possível foi desenvolvida na Alemanha para solucionar a restrição do número de vagas (*Numerus clausus*) em algumas Universidades (BVerfGE 33, 303).[167] Naquele caso, julgado em 18 de julho de 1972, analisou-se o art. 12, § 1º da Lei Fundamental, segundo o qual: *Alle Deutschen haben das Recht, Beruf, Arbeitsplatz und Ausbildungsstätte frei zu wählen*[168] (todos os alemães têm o direito de eleger livremente a sua profissão, o lugar de trabalho e o lugar de formação). Na referida decisão, esses direitos foram cotejados à luz dos princípios da igualdade e do Estado Social. Ali o que se discutiu foram os diversos critérios de admissão ao ensino superior, bem como a situação dos candidatos que se inscreveram em mais de uma universidade ou em mais de um curso de graduação. Como solução a esses problemas, o Tribunal Constitucional Federal da Alemanha, *Bundesverfassungsgericht,* decidiu que algumas prestações estatais ficam sujeitas àquilo que o indivíduo pode exigir da

---

[166] GALDINO, Flávio. *Introdução à Teoria dos Custos dos Direitos.* Direitos não nascem em árvores. Rio de Janeiro: Lumes Juris, 2005, p. 230-231.
[167] MARTINS, Leonardo e SCHWABE, Jürgen (org.). *Cinqüenta anos de Jurisprudência do Tribunal Constitucional Federal Alemão.* Montevidéu: Fundação Konrad Adenauer, 2005, p. 656-667
[168] DEUTSCHLAND. *Grundgesetz.* 58. Auflage. München: Verlag C.H. Beck, 2007, p. 7.

sociedade de forma razoável, ou seja, há prestações que ficam restritas a uma reserva do possível.[169]

Assim, cumpre referir que a expressão reserva do possível, consignada na decisão referida, foi apropriada pela doutrina e jurisprudência brasileiras pela via da tradução literal de "Vorbehalt des Möglichen". Isso faz com que muitas vezes se ignorem as circunstâncias em que este termo foi cunhado, como por exemplo, quando se equipara a reserva do possível à dimensão econômica dos direitos sociais, o que está correto apenas em parte, já que o sentido verdadeiro abrange outras dimensões, como se verá. Com efeito, ao analisar algumas decisões do Tribunal Constitucional da Alemanha, Olsen concluiu que as prestações exigidas do Estado são compreendidas em face da razoabilidade e da proporcionalidade da pretensão face à necessidade de realização do direito. Assim, a autora afirma que "viola a reserva do possível a pretensão que, se satisfeita, pode gerar um desequilíbrio no sistema jurídico, afetando inclusive o princípio da igualdade material e do Estado Social", pois a satisfação de alguns direitos pode afetar a realização de outros, devendo ser feita uma ponderação entre os interesses contrapostos.[170]

Importa referir, ademais, que antes de o Tribunal Constitucional da Alemanha proferir essa decisão, Häberle já havia traçado os primeiros contornos do que veio a ser a reserva do possível. Para o autor, uma questão importante era justamente saber se os direitos fundamentais devem ser satisfeitos na medida da capacidade econômica prestacional do Estado ou se o Estado prestacional deveria existir na medida dos direitos fundamentais. Segundo ele, a pressão normativa para efetivar direitos fundamentais subsistiria, mas não se pode exigir do Estado (prestacional) o impossível.[171] Nessa linha de raciocínio, observa-se a conclusão de Häberle:

> O direito de acesso às escolas superiores é um "direito na medida de", ou seja, ele fica sujeito desde o princípio – conforme a constituição – à reserva do Estado prestacional, as suas *possibilidades* de efetivação desse direito. Essa reserva "na

---

[169] Fünf zentrale Aussagen zum Numerus clausur.,,ZVS-Text" Informationsdienst der Zentralstelle für die Vergabe von Studienplätzen, p. 2. Disponível em: http://www.zvs.de. Acesso em 18 de maio de 2008.

[170] OLSEN, Ana Carolina Lopes. *Direitos fundamentais sociais. Efetividade frente à reserva do possível*. Curitiba: Juruá, 2008, p. 222-223.

[171] HÄBERLE, Peter. *Grundrechte im Leistungsstaat*. In: VVDStRL nº 30. Berlin: Walter de Gruyter, 1972, p. 113.

medida de" permite uma graduação dos limites e de sua fundamentação jurídico--constitucional diferenciada.[172]

Naquela decisão consignou-se, ainda, que restrições aos direitos previstos no artigo 12 da Lei Fundamental não podem ser absolutas e só podem ocorrer sob determinadas circunstâncias, e uma eventual restrição deverá atender, ainda, à razoabilidade.

Quanto a esse aspecto, colige-se a lição de Häberle, que já traçava os critérios para eventuais restrições com base no princípio do Estado prestacional, como se infere:

> Sob a reserva "na medida de" pode-se reconhecer mais do que uma mera tarefa estatal do status positivus jurídico-subjetivo: o direito de acesso com igualdade de chances às já existentes instituições de ensino superior só pode ser restringido a partir do princípio prestacional por critérios objetivos, aferíveis judicialmente. Ao mesmo tempo, uma tarefa estatal não justiciável direciona o processo democrático e o estabelecimento de suas prioridades.[173]

Como se vê, a partir daí se consignou que a prestação de direitos sociais fica na dependência da existência de meios e recursos, mormente os financeiros, o que se manifesta por meio dos orçamentos públicos, bem como da possibilidade de dispor desses meios e recursos, aspectos que compõem as dimensões da reserva do possível, conforme se verá.

Naquela decisão restou assentado, ademais, que mesmo que o Estado disponha de recursos, a obrigação de prestar deve se manter nos limites do razoável. Nesse sentido, Sarlet aponta que não seria razoável exigir do Estado que preste assistência social a quem dispõe dos meios necessários e suficientes a sua subsistência.[174]

Além disso, o Estado não pode ser obrigado a prestar o impossível, conforme já ensinava Häberle.

2.2.1. A recepção da noção de reserva do possível no direito brasileiro

O conceito de reserva do possível, no quadro do sistema constitucional brasileiro, aponta para um limite à realização dos direitos fundamentais, que comporta, pelo menos, duas dimensões: fática e jurídica, como se verá em pormenores. Esta é a lição de Sarlet:

---

[172] HÄBERLE, Peter. *Grundrechte im Leistungsstaat*. In: VVDStRL n° 30. Berlin: Walter de Gruyter, 1972, p. 114.

[173] Idem, p. 115.

[174] SARLET, Ingo Wolfgang. *A eficácia dos direitos fundamentais*. 10. ed. Porto Alegre: Livraria do Advogado, 2009, p. 287.

A reserva do possível constitui, em verdade (considerada toda sua complexidade), espécie de limite jurídico e fático dos direitos fundamentais, mas também poderá atuar, em determinadas circunstâncias, como garantia dos direitos fundamentais, por exemplo, na hipótese de conflitos de direitos, quando se cuidar da invocação – observados sempre os critérios da proporcionalidade e da garantia do mínimo existencial em relação a todos os direitos – da indisponibilidade de recursos com o intuito de salvaguardar o núcleo essencial de outro direito fundamental.[175]

Como se observa, a reserva do possível também abrange uma dimensão negativa, no sentido proteger direitos fundamentais já realizados, o que também será explicitado em pormenores no tópico respectivo.

Paulo Caliendo compreende a reserva do possível "como limite ao poder do Estado de concretizar efetivamente direitos fundamentais a prestações [...]".[176]

Para Olsen, a reserva do possível "costuma estar relacionada com a necessidade de se adequar às pretensões sociais com as reservas orçamentárias, bem como a real disponibilidade de recursos em caixa, para a efetivação das despesas".[177]

Na doutrina e na jurisprudência não há consenso quanto à natureza jurídica da reserva do possível, sendo considerada muitas vezes uma doutrina,[178] um princípio,[179] e noutras, uma cláusula.[180] Assim entende Paulo Gilberto Cogo Leivas, que considera a reserva do possível uma cláusula restritiva dos direitos fundamentais sociais.[181]

---

[175] SARLET, Ingo Wolfgang. *A eficácia dos direitos fundamentais*. 10. ed. Porto Alegre: Livraria do Advogado, 2009, p. 288.

[176] CALIENDO, Paulo. *Direito tributário e análise econômica do Direito: uma visão crítica*. Rio de Janeiro: Elsevier, 2009, p. 203.

[177] OLSEN, Ana Carolina Lopes. *Direitos fundamentais sociais. Efetividade frente à reserva do possível*. Curitiba: Juruá, 2008, p. 182.

[178] ZANITELLI, Leandro Martins. Custos ou competência? Uma ressalva à doutrina da reserva do possível. In: SARLET, Ingo Wolfgang e TIMM, Luciano Benetti (Orgs.). *Direitos Fundamentais, Orçamento e Reserva do Possível*. Porto Alegre: Livraria do Advogado, 2008, p. 209-215.

[179] Ver, por exemplo, o RESP 1051023/RJ. Relator: Ministro Francisco Falcão. Publicado no DJ de 01/12/2008. Disponível em: www. stj.jus.br. Acesso em: 19 de outubro de 2009. Neste caso, a reserva do possível foi equiparada à insuficiência de recursos. Ver, ainda: ADI 3768/DF. Relatora: Ministra Cármen Lúcia. Publicação: 26/10/2007. Disponível em: www.stf.jus.br. Acesso em: 19 de outubro de 2009.

[180] Ver, por exemplo, o RESP 811608/RS. Relator: Ministro Luiz Fux. Publicado no DJ de 04/06/2007. Disponível em: www. stj.jus.br. Acesso em: 19 de outubro de 2009.

[181] LEIVAS, Paulo Gilberto Cogo. *Teoria dos direitos fundamentais sociais*. Porto Alegre: Livraria do Advogado, 2006, p. 97-98.

Para Olsen, parece mais correto considerar a reserva do possível como uma "condição da realidade que influencia na aplicação dos direitos fundamentais".[182]

Krell refere-se à reserva do possível como uma teoria, que submete a prestação material dos serviços públicos estatais à disponibilidade de recursos, cuja disponibilidade e aplicação residem no âmbito da discricionariedade administrativa e das escolhas legislativas, o que se verifica por meio dos orçamentos públicos.[183]

Sergio Fernando Moro, por sua vez, sustenta que a reserva do possível é uma faceta especial da reserva de consistência, a qual desponta como decorrência do argumento democrático, no que diz respeito à interpretação das normas em sede de jurisdição constitucional, como se observa:

> Na interpretação de algumas dessas normas, especialmente das que veiculam direitos a prestações materiais, como o direito à educação ou à saúde, o juiz deve agir com redobrada cautela. Ele não pode desenvolver ou efetivar direitos sem que existam meios materiais disponíveis para tanto. Por outro lado, o atendimento de determinada pretensão a prestações materiais pode esvaziar outras. Nessas hipóteses, pode-se falar no limite da "reserva do possível" como faceta especial da reserva de consistência.[184]

A reserva do possível é resumida por Barretto como custos dos direitos, o que representaria uma falácia do projeto neoliberal para minar a realização dos direitos sociais. O autor entende que ela seria um argumento decorrente do neoliberalismo contemporâneo, sob o disfarce uma racionalidade enganosa, que toma a reserva do possível como limite fático à realização dos direitos sociais prestacionais, ocultando a verdade sobre os custos inerentes a todos os direitos fundamentais.[185]

No entanto, os custos dos direitos significam apenas um aspecto (ou dimensão) que compõe a reserva do possível, de modo que o

---

[182] OLSEN, Ana Carolina Lopes. *Direitos fundamentais sociais. Efetividade frente à reserva do possível.* Curitiba: Juruá, 2008, p. 200.

[183] KRELL, Andreas J. *Direitos sociais e controle judicial no Brasil e na Alemanha.* Sergio Antonio Fabris Editor: Porto Alegre, 2002, p. 52.

[184] MORO, Sergio Fernando. *Jurisdição constitucional como democracia.* São Paulo: Editora Revista dos Tribunais, 2004, p. 224. O autor refere que "Por força do argumento democrático, já se afirmou que as interpretações judiciais exigem uma 'reserva de consistência' para se sobreporem às interpretações legislativas. [...] A intervenção da jurisdição constitucional depende da reunião de argumentos e elementos suficientes para demonstrar o acerto do resultado que se pretende alcançar". p. 221.

[185] BARRETO, Vicente de Paulo. *Reflexões sobre os direitos sociais.* In: Direitos Fundamentais Sociais. Estudos de Direito Constitucional, Internacional e Comparado. Ingo Wolfgang Sarlet (org.). Rio de Janeiro: Renovar, 2003, p.120-121.

conceito apresentado pelo autor não se mostra suficiente a compreendê-la inteiramente. De modo semelhante, posiciona-se Ana Paula de Barcellos, para quem "a expressão reserva do possível procura identificar o fenômeno econômico da limitação dos recursos disponíveis diante das necessidades quase sempre infinitas a serem por eles supridas".[186] Assim, a autora enxerga na reserva do possível "um limite de possibilidades materiais".

Para que se possa entender a reserva do possível no âmbito do direito constitucional brasileiro, cumpre primeiramente relembrar a sua origem. Assim, torna-se necessário mencionar que a reserva do possível deriva de prescrição expressa do art. 109, § 2º, da Lei Fundamental: *"Bund und Länder haben bei ihrer Haushaltswirtschaft den Erfordernissen des gesamtwirtschaftlichen Gleichgewichts Rechnung zu tragen"*[187] (A Federação e os Estados devem tomar em consideração no seu regime orçamentário as exigências do equilíbrio da economia no seu conjunto). No caso brasileiro, não existe tal previsão na Constituição de 1988, que apenas topicamente ordena que alguns percentuais de arrecadação de tributos sejam destinados a certas atividades (saúde e educação, por exemplo). Isso significa, no caso alemão, que a reserva do possível tem estreita ligação com o dispositivo da Lei Fundamental que diz que o orçamento deve espelhar todos os encargos do Estado.

A Constituição de 1988 não tem norma similar, e, portanto, é duvidoso que se possa compreender a reserva do possível, no caso do direito constitucional brasileiro, nos mesmos termos em que foi desenvolvida na doutrina e jurisprudência alemãs.

Reportando-se à célebre decisão do Tribunal Constitucional Federal da Alemanha, Krell aponta que: "Segundo o Tribunal Constitucional Federal da Alemanha, esses direitos a prestações positivas (*Teilhaberechte*) estão sujeitos à reserva do possível no sentido daquilo que o indivíduo, de maneira racional, pode esperar da sociedade".[188] Em igual sentido, colige-se a lição de Konrad Hesse:

> A Lei Fundamental qualifica o Estado como estado de direito social e é esse Estado que planifica, guia, presta, distribui, possibilita primeiro vida individual como social

---

[186] BARCELLOS, Ana Paula de. *A eficácia jurídica dos princípios constitucionais. O princípio da dignidade da pessoa humana.* Rio de Janeiro: Renovar, 2002, p. 236.
[187] DEUTSCHLAND. *Grundgesetz.* 58. Auflage. München: Verlag C.H. Beck, 2007, p. 55.
[188] KRELL, Andreas Joachim. *Direitos Sociais e Controle Judicial no Brasil e na Alemanha: os (des) caminhos de um direito constitucional "comparado".* Sergio Fabris Editor: Porto Alegre, 2002, p. 52.

e isso é posto para ele, pela fórmula do estado de direito social, por causa da constituição, como tarefa.[189]

Isso se justifica porque apenas alguns direitos sociais encontram assento na Lei Fundamental, a exemplo do direito à proteção da maternidade e à educação (arts. 6º e 7º, respectivamente), diferentemente do caso brasileiro, onde a Constituição expressamente prevê um rol, não exaustivo, de direitos sociais.

No entanto, na esteira do que leciona Alexy o reconhecimento de que os direitos sociais têm efeitos financeiros consideráveis não justifica a conclusão de que não existem, sustentando, ademais, que o princípio da competência do orçamento não é absoluto.[190] Assim, não se afigura correta a afirmação de que, no caso alemão, os direitos sociais representam meras diretivas para o Estado.[191]

Conforme a lição de Häberle, "todos os direitos fundamentais são 'direitos sociais' em sentido amplo, como tais são consequência do desenvolvimento do Estado Social de Direito e têm lugar na lógica do Estado prestacional".[192]

Segundo Eros Roberto Grau, a lição que se pode extrair da decisão *numerus clausus* é que "em qualquer caso a aplicação dos recursos públicos não há de depender de considerações unicamente individuais, sem que se leve em conta os interesses coletivos".[193]

Cumpre repisar que na Constituição Federal de 1988, pela primeira vez, os direitos sociais foram incluídos dentre os direitos fundamentais, que devem ser atendidos e promovidos por todos os poderes estatais. Mais do que uma tarefa a ser cumprida pelo Estado, a promoção de todos os direitos fundamentais encontra eco em um dos mais nobres fundamentos eleitos pelo legislador constituinte: a dignidade da pessoa humana. Nesse sentido, colige-se o magistério de Häberle:

> A tríade da dignidade da pessoa humana, Estado Social e democracia igualitária exige que, num contexto social geral, seja atingido um ótimo em liberdade real de

---

[189] HESSE, Konrad. *Elementos de Direito Constitucional da República Federal da Alemanha*. Sergio Fabris Editor: Porto Alegre, 1998. Número de margem 212, p. 175.

[190] ALEXY, Robert. *Theorie der Grundrechte*. Frankfurt a.M.: Suhrkamp, 1994, p. 466.

[191] Nesse sentido: TORRES, Ricardo Lobo. *Tratado de direito constitucional financeiro e tributário*. Vol. III. Rio de Janeiro: Renovar, 2005, p. 184.

[192] HÄBERLE, Peter. *Grundrechte im Leistungsstaat*. In: VVDStRL nº 30. Berlin: Walter de Gruyter, 1972, p. 92.

[193] GRAU, Eros Roberto. Realismo e utopia constitucional. In: ROCHA, Fernando Luiz Ximenes e MORAES, Filomeno (Coordenadores e coautores). *Direito constitucional contemporâneo. Estudos em homenagem ao Professor Paulo Bonavides*. Belo Horizonte: Del Rey, 2005, p.125-126.

todos. Isso significa: o Estado prestacional precisa criar pressupostos e condições para que, de fato, todos possam fazer igual uso da liberdade.[194]

Conforme já se disse, o Estado dispõe de verbas para financiar os direitos fundamentais por meio da arrecadação tributária. No entanto, embora haja verba orçamentária devidamente destinada a projetos sociais, esta deixa de ser suficiente para a efetivação daqueles direitos ou ainda acaba não sendo aplicada à finalidade a que se destina. Traçando um paralelo com os limites ao poder de tributar, Olsen afirma que "se esta limitação está presente para a obtenção de recursos financeiros, por certo que também o está para a realização de despesas".[195]

Como já se demonstrou, é inegável que todos os direitos fundamentais são dependentes de fatores econômicos e da disponibilidade de verbas, e, portanto, a escassez de recursos pode figurar como limite concreto à efetivação dos direitos fundamentais, especialmente os de cunho prestacional.

No entanto, ao conceber os direitos sociais como direitos fundamentais, o Estado brasileiro assumiu um compromisso para com a sua efetivação, o que significa que deve pautar sua atividade com vistas à realização daqueles direitos.

Embora a Constituição brasileira não contemple uma previsão expressa de que o orçamento deve espelhar os encargos do Estado, como na Lei Fundamental, a partir de uma interpretação sistemática, orientada pelos direitos fundamentais, pode-se vislumbrar esse dever. De fato, na esteira do que leciona Olsen, o reconhecimento dos direitos sociais não se deu em razão da disponibilidade de recursos, de modo que existe uma responsabilidade dos entes estatais no sentido de alocar recursos para a sua efetivação, uma vez que a própria Constituição assim determina. Desse modo, resta claro que não se pode pleitear o impossível, mas a reserva do possível é argumento que só poderá ser aceito excepcionalmente, pois não configura uma regra.[196]

Isso significa que as vinculações orçamentárias expressamente previstas na Constituição de 1988 precisam ser cumpridas e respeitadas, sob pena de violação da norma, como refere novamente Olsen:

---

[194] HÄBERLE, Peter. *Grundrechte im Leistungsstaat*. In: VVDStRL nº 30. Berlin: Walter de Gruyter, 1972, p. 96.
[195] OLSEN, Ana Carolina Lopes. *Direitos fundamentais sociais. Efetividade frente à reserva do possível*. Curitiba: Juruá, 2008, p. 208.
[196] Idem, p. 212.

> Assim, no caso brasileiro, existe uma obrigação constitucional expressa para o Estado destinar recursos necessários à satisfação dos direitos fundamentais sociais. Se esta alocação de recursos não se verifica nos termos da Constituição, em respeito aos parâmetros nela previstos, tem-se uma clara violação do comando explícito de dotar determinada porcentagem do orçamento a despesas com a educação, com a saúde, com a assistência social, com a previdência. Trata-se da violação a uma regra, em primeira análise, e, conseqüentemente, ao princípio instituidor do direito fundamental que seria realizado com aquela dotação orçamentária.[197]

Em que pese a autora afirme existir obrigação constitucional expressa acerca da destinação de recursos para financiar os direitos sociais, essa positivação só está presente em relação a alguns percentuais topicamente referidos no corpo da Constituição, a exemplo dos art. 195, que trata do financiamento da seguridade social, mediante recursos dos orçamentos da União, Estados, Distrito Federal e Municípios, ou do art. 198, § 2º, que determina que os entes da federação apliquem recursos (cujos percentuais serão estabelecidos por lei complementar) nas ações e serviços públicos de saúde.[198] Mas uma obrigação de concretização dos direitos sociais pode ser deduzida a partir de uma interpretação sistemática, especialmente a partir da eleição de um modelo de Estado Social.

No entanto, tem-se afirmado, a exemplo de Eros Roberto Grau, que a escassez de recursos não pode ser o único motivo alegado para a não realização dos direitos prestacionais, como se infere: "Essa 'reserva' evidentemente não pode ser reduzida a limite posto pelo orçamento, até porque, se fosse assim, um direito social sob 'reserva dos cofres cheios' equivaleria, na prática – como diz José Joaquim Gomes Canotilho – a nenhuma vinculação jurídica".[199] Assim, há que se ter um cuidado especial ao adotar a reserva do pos-

---

[197] OLSEN, Ana Carolina Lopes. *Direitos fundamentais sociais. Efetividade frente à reserva do possível*. Curitiba: Juruá, 2008, p. 224.

[198] Art. 195. A seguridade social será financiada por toda a sociedade, de forma direta e indireta, nos termos da lei, mediante recursos provenientes dos orçamentos da União, dos Estados, do Distrito Federal e dos Municípios, e das seguintes contribuições sociais: [...] Art. 198. As ações e serviços públicos de saúde integram uma rede regionalizada e hierarquizada e constituem um sistema único, organizado de acordo com as seguintes diretrizes:
§ 2º A União, os Estados, o Distrito Federal e os Municípios aplicarão, anualmente, em ações e serviços públicos de saúde recursos mínimos derivados da aplicação de percentuais calculados sobre: [...]

[199] GRAU, Eros Roberto. Realismo e utopia constitucional. In: ROCHA, Fernando Luiz Ximenes e MORAES, Filomeno (Coordenadores e coautores). *Direito constitucional contemporâneo*. Estudos em homenagem ao Professor Paulo Bonavides. Belo Horizonte: Del Rey, 2005, p. 125. Essa também é a posição de Barcellos: "Desse modo, o argumento que afasta, *tout court*, o atendimento dos direitos sociais pelo simples fato de que eles demandam ações estatais e custam dinheiro não se sustenta". In: BARCELLOS, Ana Paula de. *A eficácia jurídica dos princípios constitucionais. O princípio da dignidade da pessoa humana*. Rio de Janeiro: Renovar, 2002, p. 238-239.

sível e a escassez de recursos econômicos como fundamento para a não concretização dos direitos sociais, para que não se torne um argumento mágico que inviabilize a efetivação daqueles direitos, como indica Olsen:

> A reserva do possível surge como um excelente escudo contra a efetividade dos direitos fundamentais a prestações positivas, como os direitos sociais, pois nada poderia ser feito, ainda que houvesse "*vontade política*", face à escassez de recursos. Interessante que estes recursos nunca são escassos para outros fins, de modo que a própria noção de escassez merece ser investigada, e não tomada como um dado de verdade irrefutável.[200]

Diante do que se expôs, é se concluir que, embora não se possa extrair um conceito de reserva do possível diretamente do direito constitucional brasileiro, ela existe como um limite fático e jurídico à plena realização dos direitos fundamentais, especialmente os direitos sociais.

2.3. Dimensões da reserva do possível

Em face da conclusão de que a reserva do possível atua como limite fático e jurídico quando em causa a efetivação de direitos sociais, importa explicitar como isso ocorre.

Assim, os tópicos seguintes passam a tratar das três dimensões abrangidas pela reserva do possível.

2.3.1. Dimensão fática: objeção da falta de recursos

Uma vez delineados os contornos conceituais da reserva do possível, cumpre apresentar as suas dimensões, a começar pela fática, ou seja, a que está diretamente vinculada à inexistência de recursos para efetivar os direitos sociais.

Assim, a dimensão fática vem sendo entendida como a ausência total de recursos para a realização dos direitos prestacionais, como aponta Caliendo:

> A ausência total de recursos necessários para o atendimento de um direito a prestações impede faticamente o cumprimento da demanda social, pouco restando para

---

[200] OLSEN, Ana Carolina Lopes. *Direitos fundamentais sociais. Efetividade frente à reserva do possível*. Curitiba: Juruá, 2008, p. 209.

questionamento. Cabe esclarecer que essa insuficiência de recursos deve ser provada e não apenas alegada, sob pena de responsabilidade do administrador.[201]

No mesmo sentido, no que diz respeito aos serviços públicos, José Reinaldo de Lima Lopes refere que a prestação desses serviços fica na dependência da efetiva existência dos meios e questiona o que deverá ser feito quando não existirem recursos suficientes.[202] O autor defende, assim, que a impossibilidade econômica está ligada à escassez, e que essa é fruto da desigualdade, como se infere:

> A impossibilidade econômica diz respeito à escassez e a escassez sempre quer dizer desigualdade. Bens escassos são bens que não podem ser usufruídos por todos. Requer-se, pois, que sejam distribuídos segundo regras e regras que pressupõem o direito igual ao bem e, ao mesmo tempo, a impossibilidade de uso igual e simultâneo. Há impossibilidade econômica quando, a despeito de existirem condições de outra ordem para a criação do bem, por motivos variados a provisão do bem não se pode fazer sem o sacrifício de outros bens.[203]

O que se observa é que não é apenas a escassez de recursos que se mostra problemática, mas sim, de que modo os recursos (limitados) são distribuídos.

Nesse ponto, importa destacar que a ausência de recursos não se restringe aos econômicos, mas também aos recursos humanos ou qualquer outro recurso material, como por exemplo, a falta de médicos e de leitos vagos em hospitais, ou ainda, falta de vagas ou mesmo de professores, no caso do direito à educação.

Situações como estas vêm sendo noticiadas pela imprensa, a exemplo da recente notícia veiculada pelo Jornal do Comércio[204] sobre a falta de leitos para internação em hospitais pelo Sistema Único de Saúde na cidade de Porto Alegre, no Rio Grande do Sul. A reportagem descreve a situação difícil pela qual passa o Grupo Hospitalar Conceição, considerado a maior emergência pública do

---

[201] CALIENDO, Paulo. *Direito tributário e análise econômica do Direito: uma visão crítica*. Rio de Janeiro: Elsevier, 2009, p. 204.

[202] LOPES, José Reinaldo de Lima. Direito subjetivo e direitos sociais: o dilema do Judiciário no Estado Social de Direito. In: FARIA, José Eduardo (org.). *Direitos humanos, direitos sociais e justiça*. São Paulo: Malheiros, 2002. "[...] a prestação do serviço depende da real existência dos meios: não existindo escolas, hospitais e servidores capazes e em número suficiente para prestar o serviço o que fazer? Prestá-lo a quem tiver tido a oportunidade e a sorte de obter uma decisão judicial e abandonar a imensa maioria à fila de espera?" p. 131.

[203] LOPES, José Reinaldo de Lima. Em torno da "reserva do possível" In: SARLET, Ingo Wolfgang e TIMM, Luciano Benetti (Orgs.). *Direitos Fundamentais, Orçamento e Reserva do Possível*. Porto Alegre: Livraria do Advogado, 2008, p. 180-181.

[204] JORNAL DO COMÉRCIO. MPE cobra solução para superlotação em hospitais. 22 de outubro de 2009. Disponível em: http://jcrs.uol.com.br/site/noticia.php?codn=10721. Acesso em 22 de outubro de 2009.

sul do país. Neste hospital há apenas 60 vagas, as quais são destinadas a períodos curtos, não atendendo à demanda das internações. Não se sabe ao certo o número de vagas que são necessárias para sanar o problema, mas o Sindicato Médico do Rio Grande do Sul sugere a abertura de 120 vagas. Assim, a abertura de novas vagas está sendo cobrada pelo Ministério Público Estadual, que faz a seguinte consideração: "Dinheiro do SUS não é o problema. A solução passa por melhorar a gestão. Também é preciso reformular o sistema de informatização que regula as ações de saúde". Segundo o Ministério Público, igualmente responsável por uma ação civil pública contra a prefeitura de Porto Alegre, a falta de vagas do SUS é a principal causa da superlotação. O exemplo referido topicamente está vinculado à escassez de recursos materiais, de relevância econômica indireta, o que sugere a necessidade de melhor gestão das verbas públicas.

Por isso, a doutrina refere que há que se diferenciar a escassez de recursos da atividade orçamentária do Estado, a qual deverá ser exercida em consonância com as normas constitucionais. Para Olsen, há que distinguir as impossibilidades, ou seja, é preciso verificar se uma demanda não foi atendida porque de fato não existem meios, mesmo depois de atendidas as determinações constitucionais referentes à alocação de recursos, de modo que a ausência dos meios e recursos deverá ser comprovada. A autora refere, ademais, que a discricionariedade administrativa quanto às escolhas sobre alocação de recursos não é absoluta, pois deve respeitar os parâmetros mínimos estabelecidos na Constituição.[205]

Como se vê, novamente desponta a problemática das vinculações estabelecidas pela Constituição, ou seja, o que ela determina que deva ser feito para atingir o máximo em efetividade dos direitos fundamentais, inclusive os direitos sociais. Trata-se, portanto, de investigar se as verbas destinadas a concretizar os objetivos constitucionais estão realmente sendo aplicadas com essa finalidade. Esse é o sentido da tributação, por exemplo, quando o Estado se vale da arrecadação fiscal para financiar os direitos fundamentais. Nessa senda, Barcellos defende que a arrecadação de recursos por parte do Estado para despendê-los na concretização de políticas públicas tem como finalidade justamente a realização dos objetivos constitucionais.[206]

---

[205] OLSEN, Ana Carolina Lopes. *Direitos fundamentais sociais. Efetividade frente à reserva do possível*. Curitiba: Juruá, 2008, p. 209-210.
[206] BARCELLOS, Ana Paula de. *A eficácia jurídica dos princípios constitucionais. O princípio da dignidade da pessoa humana*. Rio de Janeiro: Renovar, 2002, p. 245-246.

No Brasil, observa-se que muitas vezes as verbas vinculadas não são usadas nas finalidades para as quais foram previstas constitucionalmente, o que será analisado mais detidamente em estudo de caso ao final do trabalho. Neste ponto, vale mencionar a constatação feita por Caliendo ao analisar o Orçamento Geral da União do ano de 2006, *verbis*:

> Assim, se fizermos uma breve comparação entre o que o governo orça para gastar em saúde, educação e segurança e o que gasta pagando a dívida pública, veremos que existe uma *reserva do possível geral* no Brasil que impede os gastos sociais que se chama *dívida pública*. Enquanto não houver solução para este problema não haverá como reduzir o esforço fiscal do Estado, a carga tributaria e o nanismo nos investimentos sociais. Não se trata, contudo, de um fenômeno novo, mais de uma servidão iniciada há muito tempo, que impede o desenvolvimento nacional e social.

Tais considerações estão diretamente ligadas aos objetivos constitucionais, ou seja, a arrecadação de recursos conduzida pelo Estado, bem como a aplicação desses recursos, os quais devem atender às finalidades constitucionais que embasam o Estado Social e Democrático, conforme já se mencionou alhures. Isso significa, importa repisar, que a reserva do possível, na sua dimensão fática, só poderá ser alegada quando o Estado comprovar que efetivamente não dispõe de verbas ou que já as aplicou de maneira satisfatória e em atendimento aos objetivos e finalidades constitucionais. A mera alegação de inexistência de recursos não pode ser aceita, pois viola os ditames constitucionais.

Por tais razões, Sarlet aponta os princípios da moralidade e da probidade administrativa, uma vez que atingir a máxima efetividade dos direitos fundamentais (nas suas dimensões defensiva e prestacional) depende de uma boa administração pública.[207] Isso significa que mesmo no âmbito da discricionariedade administrativa, o administrador não dispõe de total liberdade quanto as suas escolhas.

De igual modo, ao analisar a atuação jurisdicional em matéria de direitos sociais, Pisarello afirma que o argumento da falta de recursos e da reserva do economicamente possível não é considerado uma presunção absoluta ou um argumento livre de controle jurisdicional.[208]

---

[207] SARLET, Ingo Wolfgang. *A eficácia dos direitos fundamentais*. 10. ed. Porto Alegre: Livraria do Advogado, 2009, p. 362.

[208] PISARELLO, Gerardo. *Los derechos sociales y sus garantias. Elementos para uma reconstrucción*. Madrid: Editorial Trotta, 2007, p. 96.

Conforme já restou assentado, a problemática da reserva do possível está diretamente ligada aos custos dos direitos, mas não pode atuar como impeditivo da realização dos direitos sociais, de acordo com a lição de Sarlet. O autor menciona que justamente quando os recursos são limitados é que se torna necessária uma discussão sobre a sua destinação, o que deve ser feito a partir de um debate consciente da gestão do orçamento público, bem como das políticas públicas adotadas e em relação à atuação do legislador. De acordo com o referido autor, "além disso, assume caráter emergencial uma crescente conscientização por parte dos órgãos do Poder Judiciário, que não apenas podem como devem zelar pela efetivação dos direitos fundamentais sociais".[209]

Diante do que se expôs, pode-se concluir que a dimensão fática da reserva do possível, umbilicalmente ligada à inexistência de recursos, é argumento que só pode ser aceito excepcionalmente, tanto pelo administrador público, quanto pelo Judiciário. A escassez requer comprovação, assim como a aplicação de recursos existentes deverá estar afinada com as vinculações constitucionais. Em razão disso, Sarlet afirma que "a noção de impossibilidade fática não pode esbarrar numa postura arrogante por parte do Jurista, como se o fenômeno jurídico pudesse prevalecer em qualquer hipótese".[210]

Por essas razões, a doutrina vem sustentando acertadamente que a ausência de recursos como impeditivo da efetivação dos direitos prestacionais deve ser comprovada pelo poder público, conforme aponta Sarlet:

> Assim, levar a sério a "reserva do possível" (e ela deve ser levada a sério, embora sempre com as devidas reservas) significa também, especialmente em face do sentido do disposto no art. 5º, § 1º, da CF, que cabe ao poder público o ônus da comprovação efetiva da indisponibilidade total ou parcial de recursos do não desperdício dos recursos existentes, assim como da eficiente aplicação dos mesmos.[211]

Dito isso, passa-se a análise da dimensão jurídica da reserva do possível.

2.3.2. Dimensão jurídica: objeção da indisponibilidade de recursos

A dimensão jurídica da reserva do possível diz respeito à disponibilidade de meios e recursos para a efetivação dos direitos so-

---

[209] SARLET, Ingo Wolfgang. *A eficácia dos direitos fundamentais*. 10. ed. Porto Alegre: Livraria do Advogado, 2009, p. 354-355.
[210] Idem, p. 351.
[211] Idem, p. 356.

ciais. Isso significa que os recursos existem, mas por alguma razão não estão disponíveis e não podem ser utilizados. Assim, de acordo com Sarlet, a reserva do possível, "em sentido amplo, abrange tanto a possibilidade quanto o poder de disposição por parte do destinatário da norma".[212] Desse modo, vê-se que a mera existência de recursos (em sentido amplo) não autoriza o destinatário da norma que prevê um direito fundamental social a efetivá-lo. Ainda de acordo com Sarlet:

> Distinta da disponibilidade efetiva dos recursos, ou seja, da possibilidade material de disposição, situa-se a problemática ligada à possibilidade jurídica de disposição, já que o Estado (assim como o destinatário em geral) também deve ter a capacidade jurídica, em outras palavras, o poder de dispor, sem o qual de nada lhe adiantam os recursos existentes.[213]

Assim, a impossibilidade jurídica pode estar vinculada ao orçamento público já aprovado e que não poderia ser mudado por meio de uma determinação judicial, à exceção da possibilidade de remanejamento de verbas previsto na própria lei orçamentária, conforme refere Lopes. Segundo o autor, o caso referido diz respeito à impossibilidade jurídica, uma vez que as regras de competência para criar recursos e financiar direitos estão previstas na Constituição e não podem ser violadas.[214]

Outro aspecto da impossibilidade jurídica surge na ausência de lei orçamentária que autorize a realização de gastos, como ensina Caliendo, o que pode levar a um conflito de interesses: de um lado o interesse geral representado pela lei orçamentária, e, de outro, o direito fundamental pleiteado. A solução apontada pelo autor passa pela preponderância da fundamentalidade do direito sobre a legalidade orçamentária, como se vê:

> Nesse caso, na colisão de direitos, deverá preponderar o valor mais fundamental. A concretização dos direitos fundamentais sociais estará sempre ligada ao caráter de sua fundamentalidade para a realização de uma vida digna, [...] Igualmente dever-se-á dar um peso relevante à observância do direito a um mínimo existencial, afastando-se, se necessário o princípio da legalidade da despesa pública em prol de valores superiores.[215]

---

[212] SARLET, Ingo Wolfgang. *A eficácia dos direitos fundamentais*. 10. ed. Porto Alegre: Livraria do Advogado, 2009, p. 287.

[213] Idem, p. 286.

[214] LOPES, José Reinaldo de Lima. Em torno da "reserva do possível" In: SARLET, Ingo Wolfgang e TIMM, Luciano Benetti (Orgs.). *Direitos Fundamentais, Orçamento e Reserva do Possível*. Porto Alegre: Livraria do Advogado, 2008, p. 179.

[215] CALIENDO, Paulo. *Direito tributário e análise econômica do Direito: uma visão crítica*. Rio de Janeiro: Elsevier, 2009, p. 207.

A ideia apontada remonta à doutrina de Alexy, conforme já se referiu alhures (nota 38), para quem o princípio da competência orçamentária não é absoluto, de modo que num eventual conflito entre direitos fundamentais, a solução será dada pela ponderação. Alexy sustenta que, em alguns casos, os direitos individuais irão pesar mais que motivos político-financeiros.[216] Nesse ponto, impende mencionar que a ponderação será objeto de análise em tópico específico, quando se tratar das possibilidades de superação dos limites impostos pela reserva do possível.

Outro aspecto que merece ser mencionado diz respeito à alocação de recursos para outros fins, que não aqueles veiculados pela Constituição, como aponta Olsen:

> Neste âmbito, a escolha de alocação de recursos feita para um determinado fim, e não para outro, necessitará de justificação. A partir do momento que se toma a escassez de recursos econômicos, para a realização dos direitos fundamentais como uma escassez artificial, e não natural, quando se está consciente de que o Estado escolhe dedicar recursos a um determinado fim, no lugar de outros, torna-se possível, e desejável, que esta alocação de recursos seja justificada sob o ponto de vista constitucional. É certo que existe uma margem de discricionariedade que deve ser respeitada, todavia, também existe margem de controle.

Soma-se a isso que a discricionariedade do administrador público deve ser exercida com o intuito de promover os direitos fundamentais, em razão da já mencionada vinculação de todos os poderes estatais a esses direitos, aí incluídos os direitos sociais. Nesse sentido Sarlet afirma que o Estado Democrático deve ser governado pela Constituição, de modo que todos os poderes devem observância às escolhas constitucionais, as quais figuram como "limites (entre excesso e insuficiência!) da liberdade de conformação do legislador e da discricionariedade (sempre vinculada) do administrador e dos órgãos jurisdicionais.[217]

O referido autor menciona, ademais, que "também resta abrangida na obrigação de todos os órgãos estatais e agentes públicos a tarefa de maximizar os recursos e minimizar o impacto da reserva do possível".[218]

Sobre os limites postos ao legislador em relação ao orçamento, Moro sustenta que na elaboração do orçamento público, o legislador é limitado pela Constituição. Assim, argumenta que "se o juiz

---

[216] Remetemos o leitor à nota 38.
[217] SARLET, Ingo Wolfgang. *A eficácia dos direitos fundamentais*. 10. ed. Porto Alegre: Livraria do Advogado, 2009, p. 359.
[218] Idem, p. 356.

entender, consistentemente, que a Constituição contempla direito fundamental dessa natureza, não se discute a liberdade orçamentária do legislador".[219]

Além disso, há no Brasil fatores socioeconômicos e orçamentários bastante diversos daqueles da Alemanha, de modo que não se pode interpretar a reserva do possível nos mesmos moldes de seu país de origem, como informa Krell:

> No Brasil, como em outros países periféricos, é justamente a questão analisar quem possui a legitimidade para definir o que seja "o possível" na área das prestações sociais básicas face à composição distorcida dos orçamentos dos diferentes entes federativos. Os problemas de exclusão social no Brasil de hoje se apresentam numa intensidade tão grave que não podem ser comparados à situação social dos países-membros da União Européia.[220]

Caliendo contrapõe o argumento da exigência de receitas orçamentárias para a realização de despesas públicas, afirmando que "essa limitação dirige-se ao administrador e não ao Judiciário, em função de que este, ao decidir, deve levar em consideração a existência de reservas materiais (reserva do possível) ao cumprimento de determinada sentença, mas não limitações orçamentárias, que são vinculadas ao Executivo".[221] De acordo com o autor:

> Cabe observar que a peça orçamentária não possui o caráter vinculante para o administrador, o que poderia permitir o seu manejo técnico por meio de contingenciamento, remanejamento de verbas orçamentárias ou mesmo a compensação de gastos particulares com créditos fiscais ou financeiros do Estado com o prestador privado.

Em relação ao legislador, pode-se afirmar que seus limites são determinados pela satisfação de condições existenciais mínimas, conforme ensina Sarlet.[222] O referido autor sustenta, ademais, que o princípio da dignidade da pessoa pode atuar como o limite naquilo que se considera um padrão mínimo relativo aos direitos sociais.[223]

De igual modo, Barcellos reafirma que dentre os objetivos da Constituição está a promoção dos direitos fundamentais e a pre-

---

[219] MORO, Sergio Fernando. *Jurisdição constitucional como democracia*. São Paulo: Editora Revista dos Tribunais, 2004, p. 224.

[220] KRELL, Andreas Joachim. *Direitos Sociais e Controle Judicial no Brasil e na Alemanha: os (des) caminhos de um direito constitucional "comparado"*. Porto Alegre: Sergio Fabris Editor, 2002, p. 53.

[221] CALIENDO, Paulo. *Direito tributário e análise econômica do Direito*: uma visão crítica. Rio de Janeiro: Elsevier, 2009, p. 181.

[222] SARLET, Ingo Wolfgang. *A eficácia dos direitos fundamentais*. 10. ed. Porto Alegre: Livraria do Advogado, 2009, p. 348.

[223] Idem, p. 349.

servação da dignidade da pessoa humana, o que obriga os poderes constituídos a buscar satisfazer as metas aludidas. Desse modo, surge a obrigação de aplicação dos recursos (sempre limitados) no atendimento dos fins estabelecidos constitucionalmente.[224]

Assim, assiste razão a Caliendo quando sustenta que a vinculação ao orçamento é dirigida ao Executivo, de modo que o Judiciário poderá determinar a prestação decorrente de um direito social quando restar comprovado que não houve a necessária alocação de verba para satisfazer aquele direito. Nessa esteira, Sarlet refere que é crescente a conscientização do Poder Judiciário no sentido de que este órgão estatal não só pode como deve tomar medidas voltadas à realização dos direitos sociais.[225]

Ainda em relação à liberdade do legislador no que diz respeito às verbas orçamentárias, vale mencionar a lição de Dietrich Murswiek, que embora seja referente à Lei Fundamental alemã, pode ser de grande valia para o presente trabalho. Segundo o referido autor, uma vez que a Constituição não pode obrigar os órgãos estatais a prestações impossíveis, os direitos sociais precisam ser interpretados de modo que seu objeto seja garantido no âmbito do possível e do adequado. O limite do possível não é, de forma alguma, atingido pela incapacidade financeira do Estado. O legislador precisa ter a possibilidade de decidir, no âmbito de sua liberdade de conformação, sobre os recursos disponíveis no orçamento e assim estabelecer prioridades políticas.[226]

No que diz respeito ao Poder Judiciário, Pisarello sustenta que o impacto orçamentário das atuações judiciais voltadas a assegurar a eficácia normativa dos direitos civis, políticos e sociais é um elemento inevitável quando se aceitam as condições que caracterizam uma democracia constitucional. Segundo ele, a existência de certas necessidades e interesses básicos considerados indisponíveis para o poder representa um limite infranqueável à livre configuração do gasto público, que não pode ofendê-lo nem deixar de satisfazê-lo. Além disso, o referido autor afirma que, nas hipóteses em que se procura dar respostas a casos urgentes e de premente necessidade, nos quais a divisão de poderes não será afetada gravemente, a limitação do princípio da livre configuração legal do gasto público é de-

---

[224] BARCELLOS, Ana Paula de. *A eficácia jurídica dos princípios constitucionais. O princípio da dignidade da pessoa humana*. Rio de Janeiro: Renovar, 2002, p. 241-242.
[225] SARLET, ob. cit, p. 355.
[226] MURSWIEK, Dietrich. *Grundrechte als Teilhaberechte, soziale Grundrechte*. In: J. Isensee-P. Kirchhof (Org.) Handbuch des Staatsrechts der Bundesrepublik Deutschland. v. V, p. 268.

corrência obrigatória do respeito ao conteúdo mínimo ou essencial presente em todo direito.[227]

Como se viu, a indisponibilidade de recursos encontra um limite no conteúdo mínimo inerente a todos os direitos, ou seja, mesmo o Judiciário estará legitimado a determinar uma despesa que vise à garantia do mínimo em conteúdo do direito pleiteado, sem que isso configure uma invasão na esfera de outro poder estatal. Conforme a lição de Pisarello, a consideração acerca do caráter não absoluto dos orçamentos públicos não significa que o Judiciário não deva levar em conta as consequências orçamentárias, políticas e sociais de sua atuação.[228]

Aspectos mais detalhados relacionados a essa problemática serão analisados em tópico específico, quando se tratar do mínimo existencial em face da reserva do possível.

2.3.3. Dimensão negativa: proteção contra o esvaziamento de outras prestações

Conforme se intentou demonstrar, a reserva do possível comporta dimensões variadas, inclusive uma dimensão negativa. Sarlet menciona que diante dos diversos aspectos suscitados pela reserva do possível o mais importante é que se entenda que ela não pode ser resumida à questão da disponibilidade de recursos materiais.[229]

Assim, a noção de reserva de possível como limite negativo relaciona-se com a noção de escassez de recursos para o atendimento de todos os direitos prestacionais positivados e/ou exigidos, mas num sentido inverso: partindo-se da ideia central de que efetivamente não há recursos suficientes a satisfazer todos os direitos fundamentais, especialmente os sociais, a dimensão negativa da reserva do possível atuaria como impedimento à satisfação de uma prestação que pudesse comprometer a satisfação de outra prestação. Em outras palavras, esse seria o caso, por exemplo, de concessão de

---

[227] PISARELLO, Gerardo. *Los derechos sociales y sus garantías. Elementos para una reconstrucción*. Madrid: Editorial Trotta, 2007, p. 96.

[228] Idem, p. 96.

[229] SARLET, Ingo Wolfgang. *A eficácia dos direitos fundamentais*. 10. ed. Porto Alegre: Livraria do Advogado, 2009. Nota 156, p. 287. Sobre as dimensões da reserva do possível o autor menciona ainda que: "Todos os aspectos referidos guardam vínculo estreito entre si e com outros princípios constitucionais, exigindo, além disso, um equacionamento sistemático e constitucionalmente adequado, para que, na perspectiva do princípio da máxima eficácia e efetividade dos direitos fundamentais, possam servir não como barreira instransponível, mas inclusive como ferramental para a garantia também dos direitos sociais de cunho prestacional". p. 287-288.

uma prestação excessivamente onerosa que esgotasse os recursos destinados a concretizar outros direitos. Nessas hipóteses, a reserva do possível pode valer como argumento contra a concessão de uma prestação que, por afigurar-se desproporcional e irrazoável, inviabilize a realização de outro(s) direito(s).

Conforme Sarlet, além das dimensões fática e jurídica, a reserva do possível pode atuar como garantia de proteção do núcleo essencial de outro direito, quando em causa um conflito de direitos fundamentais. Vale ressaltar que esse aspecto poderá ser tomado em consideração tanto pelo administrador – como argumento para negar uma prestação demasiadamente onerosa – como pelo legislador, quando determinar a forma de execução de políticas públicas voltadas à concretização de direitos sociais.

Essa constatação pode ser depreendida dos fundamentos exarados na decisão nº 33 do Tribunal Constitucional da Alemanha, quando afirmou que "fazer com que os recursos públicos só limitadamente disponíveis beneficiem apenas uma parte privilegiada da população, preterindo-se outros importantes interesses da coletividade, afrontaria justamente o mandado de justiça social, que é concretizado no princípio da igualdade".[230] Isso significa, ainda, que a concessão ou previsão de uma prestação onerosa não pode se dar apenas do ponto de vista individual, sem considerar o todo, pois "o pensamento das prestações subjetivas ilimitadas às custas da coletividade é incompatível com a ideia do Estado Social".[231] Nesse sentido, a decisão mencionada apontou que o indivíduo deve tolerar limites na sua liberdade de ação dentro do exigível, desde que não seja violada a sua individualidade.[232]

Essa possibilidade de limitação de direitos individuais em face da coletividade decorre do caráter principiológico dos direitos fundamentais, ou seja, uma vez que configuram normas principiais, não são absolutos, podendo sofrer restrições. Além disso, o atendimento de prestações onerosas não pode gerar um desequilíbrio orçamentário. Esse é mais um sentido que pode ser extraído da célebre decisão, quando consignou que algumas prestações estatais estariam sujeitas àquilo que o indivíduo pode exigir *da sociedade*

---

[230] MARTINS, Leonardo e SCHWABE, Jürgen (orgs.). *Cinqüenta Anos de Jurisprudência do Tribunal Constitucional Federal Alemão*. Montevidéu: Fundação Konrad Adenauer, 2005, p. 664.
[231] Idem, p. 664.
[232] Ibidem.

de forma razoável, ficando sujeitas a uma "reserva do possível".[233] [Grifo nosso]

Nesse ponto vale referir que a decisão mencionou o que se pode exigir da *sociedade*, e não do Estado. Essa proposição guarda estreita relação com o modelo de Estado Social (igualmente adotado no Brasil), no qual se procura garantir os direitos fundamentais a todos, da forma mais ampla possível.

Assim, prestações que possam lesar a coletividade poderão deixar de ser satisfeitas, em face de uma potencial violação de outros direitos. Como exemplo, no caso brasileiro, podem-se mencionar as demandas por cirurgias não realizadas pelo Sistema Único de Saúde ou mesmo tratamentos não disponíveis no país, que precisariam ser realizados no exterior. O deferimento dessas demandas pode esvaziar o orçamento previsto para satisfazer as prestações universais na área da saúde, ou seja, ao se conceder uma única prestação de tal monta, todas as outras se tornariam inexequíveis, por falta de verbas.

2.4. Possibilidades de superação dos limites impostos pela reserva do possível

Diante do que se demonstrou, a reserva do possível, em suas três dimensões, configura um limite à concretização dos direitos fundamentais, especialmente os sociais, nos quais repousa o foco do presente estudo.

Assim, intenta-se a partir de agora buscar possibilidades de superar os referidos limites, por meio da análise de princípios e conceitos jurídicos que possam ajudar nessa tarefa. Os conceitos que passam a ser analisados são a proporcionalidade, a vedação de retrocesso, a ponderação de valores e o mínimo existencial frente à reserva do possível.

2.4.1. *Proporcionalidade e reserva do possível*

Conforme se mencionou, quando em causa um eventual conflito entre direitos fundamentais, onde a reserva do possível poderá atuar como limite negativo, a restrição de um direito em favor de outro deverá atender à proporcionalidade, como se passa a expor.

---

[233] Ver nota 17.

Assim, quando surge uma colisão entre direitos fundamentais, a satisfação de um deles implicará necessariamente na restrição do outro. Especialmente num contexto em que a escassez de recursos parece inafastável, surge a necessidade de se fazer escolhas, tanto políticas quanto judiciais, quando o conflito for levado ao Judiciário. Nessas circunstâncias, o controle das escolhas deverá atender à proporcionalidade. Nesse sentido, Olsen afirma que "a alegação, pelos poderes públicos, de que não dispõem de recursos suficientes para a satisfação de uma pretensão material deduzida em juízo deverá passar pelo crivo da proporcionalidade. Em outras palavras, esta escassez de recursos deverá ser necessária e proporcional".[234] No que diz respeito à atuação judicial, Alexy afirma que a insegurança advinda das cláusulas de restrição pode ser sanada por meio de uma jurisprudência constitucional pautada pela proporcionalidade.[235]

Desse modo, cumpre definir o que significa proporcionalidade. Primeiramente, importa aclarar que a doutrina majoritária[236] entende a proporcionalidade como um princípio, que, segundo Alexy, é decorrência lógica da teoria dos princípios.[237]

---

[234] OLSEN, Ana Carolina Lopes. *Direitos fundamentais sociais. Efetividade frente à reserva do possível*. Curitiba: Juruá, 2008, p. 196.

[235] ALEXY, Robert. *Teoria dos direitos fundamentais*. Tradução de Virgílio Afonso da Silva. São Paulo: Malheiros, 2008, p. 325.

[236] A exemplo de Alexy, Canotilho, Sarlet e Bonavides.

[237] ALEXY, Robert. *Theorie der Grundrechte*. Frankfurt a.M.: Suhrkamp, 1994, p. 100 e ss. Contra a ideia da proporcionalidade como princípio: ÁVILA, Humberto. A distinção entre princípios e regras e a redefinição do dever de proporcionalidade. *Revista Diálogo Jurídico*, Salvador, CAJ – Centro de Atualização Jurídica, v. I, n°. 4, julho, 2001. "O chamado princípio da proporcionalidade não consiste num princípio, mas num postulado normativo aplicativo. A partir dessa constatação ficará claro porque a tentativa de explicação do seu fundamento jurídico-positivo de validade tem sido tão incongruente: é que ele não pode ser deduzido ou induzido de um ou mais textos normativos, antes resulta, por implicação lógica, da estrutura das próprias normas jurídicas estabelecidas pela Constituição brasileira e da própria atributividade do Direito, que estabelece proporções entre bens jurídicos exteriores e divisíveis. Vale dizer: a tentativa de extraí-lo do *texto constitucional* será frustrada. Para demonstrá-lo, é preciso explicar o conceito mesmo de princípios, que remonta, sobretudo, às obras de ESSER, LARENZ, CANARIS, DWORKIN e ALEXY, mas cujos fundamentos devem, ainda hoje, ser repensados em profundidade, dada a recepção – muitas vezes acrítica – que essas obras têm obtido na doutrina brasileira". Disponível em: www.direitopublico.com.br. Acesso em: 27 de novembro de 2009. Ver ainda, do mesmo autor, com mais detalhamentos, a obra *Teoria dos Princípios*. São Paulo: Malheiros, 2009. O tema da proporcionalidade é tratado nas p. 161 e ss. Também Virgílio Afonso da Silva se posiciona contra a acepção da proporcionalidade como princípio, em sua obra "Direitos fundamentais. Conteúdo essencial, restrições e eficácia". O autor refere que "tem ela a estrutura de uma regra, porque impõe um dever definitivo: se for o caso de aplicá-la, essa aplicação não está sujeita a condicionantes fáticas e jurídicas do caso concreto. Sua aplicação é, portanto, feita no todo". p. 168.

Originária da doutrina germânica,[238] a proporcionalidade é definida como um dos "limites dos limites" (*Schranken-Schranken*). Na obra de Pieroth e Schlink estes limites são entendidos como restrições que valem para o legislador e para a Administração Pública nos casos de restrição de direitos fundamentais.[239] Assim, os autores mencionados citam, dentre outros, o princípio da proporcionalidade, como sinônimo de proibição do excesso.[240] De acordo com os doutrinadores referidos, a proporcionalidade exige que o fim perseguido pelo Estado possa ser perseguido como tal, que o meio empregado pelo Estado possa ser assim empregado, que emprego deste meio seja adequado para atingir o fim pretendido e que o emprego deste meio seja necessário (exigível) para atingir o fim pretendido.[241]

Sarlet aponta que a proporcionalidade atua como proibição de excesso e como proibição de insuficiência, o que significa uma proteção harmonizada com os preceitos da dignidade da pessoa humana, a qual figura como referencial de um Estado democrático e social de Direito.[242]

O que se extrai das lições ora colacionadas é que a proporcionalidade é forma de controle da atividade discricionária de todos os poderes estatais, especialmente do Legislativo e do Executivo.

Assim, a proporcionalidade deve atender a três requisitos: adequação, necessidade e proporcionalidade em sentido estrito, conforme ensina Humberto Ávila. A adequação pressupõe que o meio utilizado pelo legislador ou pela Administração Pública seja indicado para promover o resultado pretendido, ou seja, se por meio dele se consiga atingir o resultado pretendido. A necessidade,

---

[238] Ver HESSE, Konrad. *Elementos de Direito Constitucional da República Federal da Alemanha*. Sergio Fabris Editor: Porto Alegre, 1998, p. 256. "A limitação de direitos fundamentais deve, por conseguinte, ser adequada para produzir a proteção do bem jurídico, por cujo motivo ela é efetuada. Ela deve ser necessária para isso, o que não é o caso, quando um meio mais ameno bastaria. Ela deve, finalmente, ser proporcional no sentido restrito, isto é, guardar relação adequada com o peso e o significado do direito fundamental".

[239] PIEROTH, Bodo; SCHLINK, Bernhard. *Grundrechte Staatsrecht II*. 17. ed. Heidelberg: C.F. Müller, 2001, p. 64-65.

[240] No mesmo sentido, SARLET, Ingo Wolfgang. *A eficácia dos direitos fundamentais*. 10. ed. Porto Alegre: Livraria do Advogado, 2009, p. 397. Contra: ÁVILA, Humberto. *Teoria dos princípios*. Da definição à aplicação dos princípios jurídicos. 9. ed. São Paulo: Malheiros, 2009. O autor afirma que "o postulado da proporcionalidade não se confunde com o da *proibição de excesso*: esse último veda a restrição da eficácia mínima de princípios, mesmo na ausência de um fim externo a ser atingido, enquanto a proporcionalidade exige uma relação proporcional de um meio relativamente a um fim". p. 165. Grifo do autor.

[241] PIEROTH, ob. cit., p. 65

[242] SARLET, Ingo Wolfgang. *A eficácia dos direitos fundamentais*. 10. ed. Porto Alegre: Livraria do Advogado, 2009, p. 456.

por sua vez, significa que o meio empregado seja o menos gravoso para promover o fim colimado, de modo que não exista outro meio menos restritivo do direito fundamental afetado. Já a proporcionalidade em sentido estrito exige que as vantagens decorrentes da promoção do fim sejam maiores que a restrição de outro direito fundamental.[243] O referido autor adverte também que, como postulado estruturador da aplicação de princípios que se superpõem em uma relação de causalidade entre meio e fim, a proporcionalidade não pode ser aplicada sem limitações; sua aplicação está sujeita aos requisitos antes enunciados.[244]

Em seus comentários à decisão 33 do Tribunal Constitucional da Alemanha, Olsen sustenta que à noção de reserva do possível foi incorporada a dimensão da razoabilidade e proporcionalidade, uma vez que as prestações exigidas do Estado devem se pautar por um senso de racionalidade. Desse modo, a autora consigna que a reserva do possível não pode atuar como restrição absoluta aos direitos sociais. Assim, ela sustenta que:

> A reserva do possível de um lado se relaciona com a proibição do exagero infundado na luta pela efetivação dos direitos fundamentais sociais, de modo que não se pode exigir do Estado e da sociedade algo fora dos padrões do razoável, do adequado, do necessário e do estritamente proporcional.[245]

Segundo Sarlet, na terceira etapa do exame da proporcionalidade (proporcionalidade em sentido estrito) faz-se necessário indagar sobre quais os impactos e riscos que devem ser suportados depois de efetuadas as medidas protetivas, tendo em vista a necessidade de preservação de outros direitos fundamentais.[246] Assim, uma decisão (seja ela política ou judicial) que tenha por fundamento a reserva do possível deverá atender aos elementos da proporcionalidade, de modo que se leve em conta a totalidade dos direitos envolvidos, ou seja, a medida tomada deverá demonstrar os motivos da escolha por um direito em detrimento de outro, sem que o outro reste totalmente desprotegido, sob pena de a restrição revelar-se desproporcional.

---

[243] ÁVILA, Humberto. *Teoria dos princípios*. Da definição à aplicação dos princípios jurídicos. 9. ed. São Paulo: Malheiros, 2009, p. 161-162.

[244] Idem, p. 162.

[245] OLSEN, Ana Carolina Lopes. *Direitos fundamentais sociais. Efetividade frente à reserva do possível*. Curitiba: Juruá, 2008, p. 213.

[246] SARLET, Ingo Wolfgang. *A eficácia dos direitos fundamentais*. 10. ed. Porto Alegre: Livraria do Advogado, 2009, p. 400.

Em relação à possibilidade de a reserva do possível atuar como restrição a direitos fundamentais, Leivas sustenta que "embora não exclusivamente em relação a estes direitos, deve-se tomar decisões, seguindo o preceito da proporcionalidade, em favor do princípio com maior peso no caso concreto".[247] A questão do princípio com maior peso no caso concreto pode ser reconduzida à ponderação, que não se confunde com proporcionalidade, pois esta pressupõe a análise dos requisitos da necessidade, adequação e razoabilidade da medida, enquanto ponderação significa privilegiar um determinado direito em detrimento de outro, o que é possível em razão do caráter principiológico dos direitos fundamentais. No mesmo sentido, Ávila sustenta que não se pode identificar a proporcionalidade com a ponderação de bens, pois esta exige que se atribua maior importância a valores estreitamente ligados, sem que exista qualquer indicação precisa acerca da maneira como isso deva ocorrer, enquanto a proporcionalidade exige que se atenda ao exame dos seus pressupostos.[248] Embora se afigurem semelhantes, são noções que não se identificam, são distintas. E pode-se mesmo afirmar que uma escolha pautada pela ponderação deverá ela mesma atender à proporcionalidade. Essa observação já havia sido consignada por Hesse,[249] especialmente ao referir-se ao reconhecimento da proporcionalidade pelo Tribunal Constitucional Federal da Alemanha, para quem a consideração do direito fundamental deve dar-se no quadro do possível. Assim, uma restrição de direito fundamental não se deixa efetuar no caminho de uma mera ponderação de bens desprovida de fundamento.

De acordo com Olsen, considerando as características do sistema constitucional brasileiro, a reserva do possível está ligada à proporcionalidade também no sentido de que o fundamento da realização dos direitos, na medida do possível, precisará atender ao princípio da proporcionalidade.[250]

Pisarello ensina que os poderes públicos não podem ser obrigados a cumprir com o impossível, devendo demonstrar, no entanto, que estão empregando o máximo de seus esforços e recursos para

---

[247] LEIVAS, Paulo Gilberto Cogo. *Teoria dos direitos fundamentais sociais*. Porto Alegre: Livraria do Advogado, 2006, p. 101.

[248] ÁVILA, Humberto. *Teoria dos princípios*. Da definição à aplicação dos princípios jurídicos. 9. ed. São Paulo: Malheiros, 2009, p. 165.

[249] HESSE, Konrad. *Elementos de Direito Constitucional da República Federal da Alemanha*. Porto Alegre: Sergio Fabris Editor, 1998, p. 256.

[250] OLSEN, Ana Carolina Lopes. *Direitos fundamentais sociais. Efetividade frente à reserva do possível*. Curitiba: Juruá, 2008, p. 213.

garantir os direitos pleiteados, que estão recolhendo e difundindo informação suficiente sobre as necessidades existentes, que estão supervisionando o cumprimento dos planos existentes e formulando planos futuros e que prevejam soluções de curto, médio e longo prazo para os grupos mais necessitados. Segundo o autor, os tribunais podem reservar-se a possibilidade de controlar a razoabilidade destas respostas.[251]

Assim, decisões fundamentadas na reserva do possível – tanto no sentido de concretizar quanto de negar uma prestação – deverão passar pelo crivo da proporcionalidade, sob pena de ocorrer uma violação injustificada a direito fundamental.

2.4.2. Vedação de retrocesso e reserva do possível

Com amparo na lição de Canotilho, impende aclarar que a proibição de retrocesso social é decorrência do princípio da democracia econômica e social. Segundo ele, direitos sociais já alcançados ou conquistados passam a figurar, ao mesmo tempo, como garantia institucional e direito subjetivo. Desse modo, o referido princípio justifica a redução da capacidade de disposição legislativa, figurando como limite jurídico para o legislador. Isso se manifesta de duas maneiras: por um lado serve para impedir a supressão de direitos já conquistados, e, por outro, surge como uma obrigação de empenho por uma política afinada com os direitos concretizados.[252]

Sarlet, por sua vez, aponta que, primeiramente, a proibição de retrocesso está intimamente ligada à noção de segurança jurídica. Esta representa manifestação inafastável do Estado de Direito, atuando como "subprincípio concretizador do princípio fundamental e estruturante do Estado de Direito". Além disso, o autor refere que a noção de segurança jurídica também está intrinsecamente ligada à noção de dignidade da pessoa humana.[253]

---

[251] PISARELLO, Gerardo. *Los derechos sociales y sus garantías. Elementos para una reconstrucción*. Madrid: Editorial Trotta, 2007, p. 102. Cumpre referir, neste ponto, que razoabilidade e proporcionalidade não se confundem. A razoabilidade pode ser entendida como sinônimo de proporcionalidade em sentido estrito. Pode-se inferir, ainda, que razoabilidade é para a doutrina norte-americana o que proporcionalidade representa para a doutrina germânica.

[252] CANOTILHO, José Joaquim Gomes. *Direito constitucional*. Coimbra: Livraria Almedina, 1991, p. 474.

[253] SARLET, Ingo Wolfgang. *A eficácia dos direitos fundamentais*. 10. ed. Porto Alegre: Livraria do Advogado, 2009, p. 400. O autor enumera, ainda, os princípios dos quais decorre a proibição de retrocesso no âmbito do direito constitucional brasileiro, a saber: a) Do princípio do Estado democrático e social de direito; b) Do princípio da dignidade da pessoa humana; c) Do princípio da máxima eficácia e efetividade das normas definidoras de direitos fundamentais; d) Das manifestações expressamente previstas na Constituição contra medidas de cunho

Já Vieira de Andrade aponta o princípio em estudo como uma "determinante heterónoma" vinculativa para o legislador. De acordo com o autor, as medidas legislativas que concretizam direitos sociais seriam elevadas ao *status* de norma constitucional.[254] Para ele, é evidente que as disposições constitucionais relativas aos direitos sociais devam configurar alguma garantia de estabilidade dos direitos já efetivados. O mencionado autor refere, ainda, que esta garantia compreende um mínimo, que está justamente na proibição de eliminar posições já conquistadas, ou seja, essa garantia atua como um limite à liberdade de conformação do legislador.[255] Por outro lado, adverte que esse princípio não pode ser usado como um princípio jurídico geral, sob pena de eliminar a autonomia do legislador, pois entende a Constituição como "quadro normativo aberto", que pressupõe e se revela uma "unidade de sentido cultural", de forma que não pode figurar ou vir a ser um programa de governo. Assim, o autor entende que as disposições constitucionais relativas aos direitos sociais pressupõem mudanças sociais, de modo que é preciso deixar alguma margem de liberdade para o legislador. Por outro lado, cumpre mencionar que o referido autor entende que os direitos sociais não integram o conjunto material dos direitos fundamentais.[256]

Quanto a esse aspecto, Sarlet menciona que, dentre os argumentos sustentados contra o reconhecimento de uma proibição de retrocesso social, surge especialmente aquele que dá conta da indefinição do conteúdo dos direitos sociais na Constituição. Além deste, o autor refere o argumento de que os direitos sociais necessitam da intervenção legislativa para sua concretização, de modo que deveria prevalecer uma liberdade quase absoluta neste campo de atuação. No entanto, o autor relembra que esta liberdade resta limitada pelo princípio da proteção da confiança e pela necessidade de justificar medidas reducionistas.[257]

---

retroativo; e) Do princípio da proteção da confiança; f) Da vinculação dos órgãos estatais em relação a atos anteriores; g) Da vinculação de todos os poderes estatais aos direitos fundamentais e h) Da implementação progressiva da proteção social no âmbito internacional, p. 447-448.

[254] VIEIRA DE ANDRADE, José Carlos. *Os direitos fundamentais na Constituição Portuguesa de 1976*. Coimbra: Livraria Almedina, 1998, p. 307.

[255] Idem, p. 308.

[256] Ibid., p. 310-311.

[257] SARLET, Ingo Wolfgang. *A eficácia dos direitos fundamentais*. 10. ed. Porto Alegre: Livraria do Advogado, 2009, p. 443.

Pisarello assinala que a vedação de retrocesso está estreitamente ligada à obrigação de progressividade,[258] um princípio que autoriza aos poderes públicos desenvolver o conteúdo do direito no tempo e a fazê-lo de maneira gradual, na medida em que existam recursos disponíveis.[259] O autor salienta, contudo, que a ideia de não regressividade não exclui a possibilidade de que se possam efetuar reformas em certas políticas sociais, como por exemplo, para destinar recursos a classes ou grupos em maior situação de vulnerabilidade. Ele argumenta que essa alternativa não significa outorgar uma carta em branco aos poderes públicos; ao contrário, estes deverão provar, em todo caso, que a modificação que propõem redunda em uma maior proteção dos direitos sociais consagrados na Constituição.[260]

Sarlet ensina, ademais, que há medidas retrocessivas que não são necessariamente retroativas. Ele refere que embora tal constatação se afigure paradoxal, é possível conceber medidas retrocessivas para o futuro.[261] No entanto, o autor aduz que a questão central que se impõe diz respeito à medida com que o legislador infraconstitucional poderá retroceder em relação à realização de direitos sociais.[262]

Na esteira do que preleciona Sarlet, não há como concordar com uma negação do princípio da vedação do retrocesso, uma vez que o legislador não dispõe de absoluta liberdade de disposição em sede de direitos fundamentais (todos eles), tendo em vista que todos os poderes estatais se encontram vinculados aos direitos fundamentais, o que implica deveres positivos – no sentido da concretização dos referidos direitos, quanto negativos, o que exige a abstenção de condutas violadoras, mesmo de direitos já alcançados. Quanto a este último aspecto, Sarlet registra que é necessária uma mínima vinculação de todos os poderes estatais ao núcleo essen-

---

[258] A ideia de progressividade dos direitos sociais encontra-se positivada no Pacto Internacional sobre Direitos Econômicos, Sociais e Culturais: Art. 2º, inciso 1º. Cada Estado-Parte no presente Pacto compromete-se a adotar medidas, tanto por esforço próprio como pela assistência e cooperação internacionais, principalmente nos planos econômico e técnico, até o máximo de seus recursos disponíveis, que visem a assegurar, *progressivamente*, por todos os meios apropriados, o pleno exercício dos direitos reconhecidos no presente Pacto, incluindo, em particular, a adoção de medidas legislativas. Grifo nosso.

[259] PISARELLO, Gerardo. *Los derechos sociales y sus garantías. Elementos para una reconstrucción.* Madrid: Editorial Trotta, 2007, p. 66.

[260] Idem, p. 64.

[261] SARLET, Ingo Wolfgang. *A eficácia dos direitos fundamentais.* 10. ed. Porto Alegre: Livraria do Advogado, 2009, p. 436. Ele sustenta ainda, que não restam dúvidas de que medidas tomadas com efeitos prospectivos podem representar um grave retrocesso para a ordem jurídica e social como um todo, p. 437.

[262] Idem, p. 436.

cial já realizado na seara dos direitos sociais, sob pena de fraude à Constituição, uma vez que a atuação dos referidos poderes só pode acontecer em atendimento ao que determinam as normas constitucionais no tocante à proteção social.[263] No mesmo sentido, Pisarello sustenta, amparado na doutrina de Alexy, que o conteúdo mínimo ou essencial do direito seria uma barreira última que nenhuma medida regressiva poderia ultrapassar, ainda que se tratasse de uma medida em princípio proporcional.[264] Sarlet menciona, ainda, que não se pode admitir um esvaziamento dos direitos sociais, enquanto valores jurídicos eivados de fundamentalidade, em nome da liberdade de conformação do legislador.[265]

Uma vez delineados os contornos do princípio em questão, ainda que com alguma brevidade, cumpre relacioná-lo à reserva do possível.

Assim, a reserva do possível, quando utilizada como argumento para supressão de alguma política pública que já logrou concretizar direitos sociais, poderá dar causa a uma violação ao princípio da proibição do retrocesso. Nesse sentido, dada a dupla dimensão dos direitos fundamentais, pode-se remeter aqui à dimensão subjetiva, no sentido de proteger posições subjetivas já consolidadas. Por outro lado, também se pode invocar a dimensão objetiva, que obriga os poderes estatais a empenhar-se no sentido da máxima concretização dos direitos sociais, de modo que medidas que atentem contra isso representam um retrocesso.

Contra esse entendimento, menciona-se a lição de Roger Stiefelmann Leal:

> Há de se ressaltar, contudo, que, ao se tratar de efetivação de direitos sociais, fala-se sempre na concretização dentro de uma *reserva do possível* a fim de recordar que tal efetivação depende de determinados fatores como a existência de recursos. Desse modo, deve-se ter presente que, se não for possível custear o serviço público da maneira exigida pela norma concretizadora de um direito social, faz-se imperativo a redução do grau de concretização adquirido ou até a sua total desconcretização.[266]

---

[263] SARLET, Ingo Wolfgang. *A eficácia dos direitos fundamentais*. 10. ed. Porto Alegre: Livraria do Advogado, 2009, p. 443-444.

[264] PISARELLO, Gerardo. *Los derechos sociales y sus garantías. Elementos para una reconstrucción*. Madrid: Editorial Trotta, 2007, p. 65. "El contenido esencial o mínimo del derecho sería una barrera última que ninguna medida regresiva podría rebasar, aunque se tratara de una medida en principio proporcional".

[265] SARLET, Ingo Wolfgang. *A eficácia dos direitos fundamentais*. 10. ed. Porto Alegre: Livraria do Advogado, 2009, p. 444.

[266] LEAL, Roger Stiefelmann. *Direitos sociais e a vulgarização da noção de direitos fundamentais*. Disponível em: http://www6.ufrgs.br/ppgd/doutrina/leal2.htm. Acesso em 30 de novembro de 2009.

Na esteira do magistério de Sarlet[267] não há como concordar com a proposição do autor. A concretização de direitos sociais "dentro de uma reserva do possível"[268] não significa que ela integre os direitos fundamentais como limite imanente, conforme já se disse. Ademais, é de se apontar a vinculação de todos os poderes estatais aos direitos fundamentais, de modo que se pode cogitar de eventuais reduções, devidamente justificadas, com amparo nos limites impostos pela reserva do possível, mas seguramente não se poderá admitir a "desconcretização" sugerida pelo autor, sob pena de violação de direito que já alçou a normatividade constitucional, no sentido preconizado por Canotilho.

Por outro lado, tendo em vista o caráter relativo inerente a todos os princípios, eventuais ajustes operados em sede de direitos sociais e que possam representar um retrocesso, deverão ser devidamente justificados. Além disso, conforme Sarlet:

> Mediante a supressão pura e simples do próprio núcleo essencial legislativamente concretizado de determinado direito social (especialmente dos direitos sociais vinculados ao mínimo existencial) estará sendo afetada, em muitos casos, a própria dignidade da pessoa, o que desde logo se revela inadmissível, ainda mais em se considerando que na seara das prestações mínimas (que constituem o núcleo essencial mínimo judicialmente exigível dos direitos a prestações) para uma vida condigna não poderá prevalecer até mesmo a objeção da reserva do possível e a alegação de uma eventual ofensa ao princípio democrático e da separação dos poderes.

Assim, o argumento da reserva do possível como fundamento a medidas (ainda que de caráter *pro futuro*) que importem em um retrocesso no campo das conquistas sociais não poderá valer sem uma justificativa sintonizada com todo o sistema constitucional, sob pena de violação do mínimo em conteúdo exigível quando em causa a concretização de direitos sociais.

2.4.3. Ponderação de valores e mínimo existencial frente à reserva do possível

Conforme já se referiu por diversas vezes ao longo do presente trabalho, os direitos fundamentais, na qualidade de princípios, podem colidir, sem que com isso percam valor ou validade. Na esteira do que referencialmente leciona Alexy, há situações em que um dos

---

[267] SARLET, Ingo Wolfgang. *A eficácia dos direitos fundamentais*. 10. ed. Porto Alegre: Livraria do Advogado, 2009.
[268] CANOTILHO, José Joaquim Gomes. *Direito constitucional*. Coimbra: Livraria Almedina, 1991, p. 556.

princípios irá prevalecer sobre outro em determinadas condições.[269] Essa atribuição de maior peso a um dos princípios conflitantes (considerando que estão no mesmo nível) surge como solução ao conflito apontada precipuamente pelo Tribunal Constitucional da Alemanha (e assimilada no direito constitucional brasileiro), sob a denominação ponderação, ou sopesamento, a depender da tradução do original *Abwägung*.[270] Ainda na esteira de Alexy, o objetivo da ponderação (na tradução consta sopesamento) consiste em definir qual dos princípios tem mais peso no caso concreto.[271] O autor ensina que a solução para a colisão reside em estabelecer uma relação de primazia entre os princípios, a depender das circunstâncias do caso concreto.[272]

Ávila trata da ponderação como um "postulado inespecífico", explicando que ela "consiste num método destinado a atribuir pesos a elementos que se entrelaçam, sem referência a pontos de vista materiais que orientem esse sopesamento".[273] De acordo com Alexy, a definição de qual direito social o indivíduo efetivamente tem é uma questão de ponderação entre princípios.[274] Ávila critica o uso da ponderação sem que se adote uma estrutura ou critérios materiais, assentando que ela deverá ser estruturada com a inserção de critérios. Assim, o autor refere que de modo geral os estudos sobre ponderação buscam vinculá-la à proporcionalidade e razoabilidade, o que, conforme já se procurou aclarar, não é possível.[275] Desse modo, o referido autor se propõe a explicitar e separar os elementos envolvidos na ponderação, os quais podem ser resumidos em bens jurídicos, interesses e valores.[276] Saliente-se que tais elementos não serão desenvolvidos, apenas mencionados, em face da originalidade e proposta de detalhamento apresentadas pelo autor.

---

[269] ALEXY, Robert. *Teoria dos direitos fundamentais*. Tradução de Virgílio Afonso da Silva. São Paulo: Malheiros, 2008, p. 93-94.

[270] No presente trabalho será utilizada a expressão "ponderação", embora nada aponte para uma incorreção da expressão "sopesamento". A escolha deu-se unicamente em razão de uma preferência pessoal.

[271] ALEXY, Robert. *Teoria dos direitos fundamentais*. Tradução de Virgílio Afonso da Silva. São Paulo: Malheiros, 2008, p. 95.

[272] Idem, p. 96.

[273] ÁVILA, Humberto. *Teoria dos princípios*. Da definição à aplicação dos princípios jurídicos. 9. ed. São Paulo: Malheiros, 2009, p. 143.

[274] ALEXY, ob. cit., p. 512.

[275] ÁVILA, ob. cit, p. 143.

[276] Idem, p. 144.

Dito isso, passa-se à análise da ponderação em face de conflitos de direitos sociais e suas relações com os limites impostos pela reserva do possível. Assim, vale lembrar que os conflitos entre direitos sociais dar-se-ão, com maior frequência, sob o aspecto da escassez de recursos para a sua concretização, de modo que a atribuição de maior peso a um deles passará pela ponderação.

Desse modo, dentre as soluções apontadas para minimizar os impactos da inexistência de recursos, a ponderação desponta como a mais satisfatória, conforme ensina Caliendo:

> A ponderação deve ser considerada o método primordial para garantir a adequada e justificada alocação de recursos finitos em uma sociedade democrática. Somente assim poderão existir justificativas legítimas que impunham que determinado bem deva ser protegido ou promovido em detrimento de outro. É certo que essas justificativas devam encontrar guarida em fundamentos constitucionais, bem como irão refletir escolhas valorativas da sociedade sobre a ponderação de valores que deverão prevalecer. A escassez de recursos deve ser entendida como um dos elementos na fundamentação, mas não o único, visto que a própria noção de escassez é construída.[277]

Lopes refere, ainda, que a existência de recursos não basta, pois estes estão destinados a uma determinada finalidade, ou seja, estão alocados, já que "a lei orçamentária não é apenas uma determinação geral, mas uma determinação particular ou alocação".[278] Assim, o autor sustenta que não é possível alocar recursos contra as regras do orçamento. No entanto, cumpre mencionar que essa posição é praticamente isolada, pois se a reserva do possível não configura um dever, mas uma exceção, cogita-se na doutrina a possibilidade de realocar verbas orçamentárias de caráter secundário para cobrir gastos com direitos fundamentais, por meio de uma ponderação de interesses em prol dos direitos fundamentais. Nesse sentido Nagibe de Melo Jorge Neto infere que a simples alegação de ausência de recursos orçamentários para a concretização de políticas públicas exigidas pela via judicial não se mostra suficiente a caracterizar a impossibilidade material ou jurídica, de modo que caberá ao julgador por meio de um juízo de ponderação, sendo necessário, autorizar a transferência de recursos de uma rubrica para outra. No entanto, ele adverte não se poderá exigir essa transferência do

---

[277] CALIENDO, Paulo. *Direito tributário e análise econômica do Direito: uma visão crítica*. Rio de Janeiro: Elsevier, 2009, p. 208.

[278] LOPES, José Reinaldo de Lima. *Em torno da "reserva do possível"* In: SARLET, Ingo Wolfgang e TIMM, Luciano Benetti (Orgs.). *Direitos Fundamentais, Orçamento e Reserva do Possível*. Porto Alegre: Livraria do Advogado, 2008, p. 180.

poder público, pois só será permitida quando em causa o cumprimento de ordem judicial.[279]

De igual modo, Emerson Garcia defende que a positivação dos direitos fundamentais gera o dever implícito de alocação dos recursos a sua efetivação, de modo que o Judiciário poderia, pautado pela razoabilidade, ponderar os interesses em jogo e ordenar a despesa, mesmo diante da falta de previsão na respectiva lei orçamentária.[280]

Nesse ponto, cumpre mencionar que a reserva do possível não pode, por si só, conduzir ao esvaziamento de um direito sem que passe pela ponderação, conforme leciona Alexy.[281] Essa também foi a conclusão de Leivas ao comentar a paradigmática decisão n° 33 do Tribunal Constitucional da Alemanha, aduzindo que "a colocação da reserva do possível junto ao direito fundamental *prima facie* diz nada mais que os direitos fundamentais sociais *prima facie* exigem a ponderação com outros direitos fundamentais".[282] Desse modo, a reserva do possível, limite à concretização dos direitos sociais, não pressupõe ineficácia ou inaplicabilidade imediata do direito, na formulação do referido autor "ela expressa simplesmente a necessidade da ponderação entre princípios".[283]

Quando em causa um conflito de direitos fundamentais no âmbito judicial, importa consignar, a teor do que ensina Olsen, que a "decisão pelo afastamento ou pela aplicação do limite da reserva do possível deverá ser racionalmente fundamentada".[284]

Traçadas estas breves considerações no tocante à ponderação e sua aplicação vinculada aos limites reconhecidos à reserva do possível, passa-se a um breve estudo do mínimo existencial nessa seara.

Assim, a questão do mínimo existencial diz respeito a um mínimo em conteúdo que deve ser realizado ou protegido, de modo

---

[279] JORGE NETO, Nagibe de Melo. *O controle jurisdicional das políticas públicas.* Salvador: Jus Podivm, 2008, p. 151.

[280] GARCIA, Emerson. *O direito à educação e suas perspectivas de efetividade.* Disponível em: http://jusvi.com/artigos/2183. Acesso em 13 de outubro de 2009.

[281] ALEXY, Robert. *Teoria dos direitos fundamentais.* Tradução de Virgílio Afonso da Silva. São Paulo: Malheiros, 2008. "Mas a natureza de um direito *prima facie* vinculante implica que a cláusula de restrição desse direito – a reserva do possível, no sentido daquilo que o indivíduo pode razoavelmente exigir da sociedade – não pode levar a um esvaziamento do direito. Essa cláusula expressa simplesmente a necessidade de sopesamento desse direito". p. 515.

[282] LEIVAS, Paulo Gilberto Cogo. *Teoria dos direitos fundamentais sociais.* Porto Alegre: Livraria do Advogado, 2006, p. 98-99.

[283] Idem, p. 99.

[284] OLSEN, Ana Carolina Lopes. *Direitos fundamentais sociais. Efetividade frente à reserva do possível.* Curitiba: Juruá, 2008, p. 197.

que sobre ele não recaiam os limites impostos pela reserva do possível, o que se torna problemático quando estiver em causa a existência física do indivíduo, conforme menciona Sarlet.[285]

A construção da ideia de um mínimo existencial surgiu originariamente na jurisprudência do Tribunal Constitucional da Alemanha, onde restou reconhecida a existência de um direito subjetivo implícito à garantia dos recursos materiais mínimos necessários para uma existência digna.[286]

Em abrangente obra sobre o tema, intitulada "O direito ao mínimo para uma existência digna", Eurico Bitencourt Neto traça um estudo comparativo entre a Constituição Federal de 1988 e Constituição portuguesa de 1976 (ambas influenciadas pela Lei Fundamental da Alemanha), destacando os pontos comuns no que se refere ao tratamento dispensado aos direitos fundamentais, a saber: a dignidade da pessoa humana como alicerce tanto dos direitos fundamentais como da organização e funcionamento do Estado, a consagração de um Estado de Direito democrático e social e a consagração expressa de um rol de direitos a prestações. De acordo com o autor, esses são pontos que justificam o direito a um mínimo para uma existência digna.[287] Além disso, como fundamentos desse direito, o autor aponta a dignidade da pessoa humana, a igualdade material e a solidariedade social.[288] No mesmo sentido, Caliendo sustenta que "a absoluta preponderância dos direitos fundamentais, do valor da dignidade da pessoa humana e do mínimo existencial funda-se sobre a ideia constitucional de solidariedade social (sociedade livre, justa e solidária)", o que significa beneficiar os indivíduos que não dispuserem de recursos para financiar o Estado, observando-se, portanto, uma forma de transferência de renda e de combate às desigualdades sociais.[289]

Segundo Neto, o princípio do Estado social determina que o Estado se organize no sentido de reduzir as desigualdades sociais, ou seja, deverá garantir um mínimo de participação nos bens da

---

[285] SARLET, Ingo Wolfgang. *A eficácia dos direitos fundamentais*. 10. ed. Porto Alegre: Livraria do Advogado, 2009, p. 349.

[286] Idem, p. 309.

[287] BITENCOURT NETO, Eurico. *O direito ao mínimo para uma existência digna*. Porto Alegre: Livraria do Advogado, 2010, p. 61-62.

[288] Idem, p. 178.

[289] CALIENDO, Paulo. Direito tributário e análise econômica do Direito: uma visão crítica. Rio de Janeiro: Elsevier, 2009, p. 208.

vida e buscar a redistribuição e equilíbrio na sociedade.[290] O autor aduz que "o Estado social significa, para além da garantia de um mínimo existencial, a busca de uma sociedade de bem-estar para todos, na medida das possibilidades de um sistema capitalista, em que as liberdades individuais e a propriedade privada também contam com proteção constitucional".[291]

Sarlet observa que a partir dos direitos sociais consagrados na Constituição brasileira depreende-se a necessidade de preservar a vida, o que não se limita a uma questão de mera sobrevivência física, mas deve atender também a padrões de dignidade.[292] O autor defende que é certo que uma existência digna vai além da sobrevivência física e da pobreza absoluta e não pode ser confundido com um mínimo vital.[293] Nesse ponto, de acordo com Sarlet, é relevante a constatação de que a liberdade de conformação do legislador encontra um limite no mínimo em condições materiais indispensáveis para uma vida digna.[294]

A fundamentação do mínimo existencial no direito brasileiro aderiu à tradição alemã e respalda essa ideia no direito à vida e especialmente na dignidade da pessoa humana.[295]

Sarlet ensina que há um consenso acerca do reconhecimento de uma dupla dimensão do mínimo existencial: uma dimensão negativa, que comporta a proteção contra intervenções do Estado e de particulares e uma dimensão positiva, que abrange direito a prestações.[296]

O mínimo existencial encontra-se na dependência de uma gama de fatores e componentes que podem estar ligados às condições individuais, mas também a circunstâncias socioeconômicas e culturais, de modo que não pode ser resumido em uma fórmula. No entanto, pode-se afirmar que os direitos vinculados ao mínimo existencial constituem direitos subjetivos definitivos, o que não significa que tais direitos sejam absolutos, ou seja, poderão mesmo sofrer alguma restrição, inclusive em virtude dos limites impostos

---

[290] BITENCOURT NETO, Eurico. *O direito ao mínimo para uma existência digna*. Porto Alegre: Livraria do Advogado, 2010, p. 72.
[291] Idem, p. 72-73.
[292] SARLET, Ingo Wolfgang. *A eficácia dos direitos fundamentais*. 10. ed. Porto Alegre: Livraria do Advogado, 2009, p. 309.
[293] Idem, p. 319.
[294] Ibidem.
[295] Ibidem.
[296] Idem, p. 320.

pela reserva do possível.²⁹⁷ Nesse sentido, Sarmento sustenta que "não existe um direito definitivo à garantia do mínimo existencial, imune a ponderações e à reserva do possível".²⁹⁸

Sarlet entende a garantia do mínimo existencial como uma cláusula aberta, especialmente em relação aos direitos sociais consagrados constitucionalmente, podendo ser enquadrado também como direito fundamental implícito.²⁹⁹

De acordo com Neto, a consequência do direito ao mínimo existencial é "a eficácia plena de posições ativas decorrentes dos direitos fundamentais, em especial dos direitos sociais que dependam de intermediação legislativa, quando estiverem em jogo condições necessárias para uma existência digna".³⁰⁰

O referido autor sustenta que o reconhecimento dos direitos sociais como normas de caráter principiológico leva à conclusão de que estão sujeitos à ponderação com outros princípios, dentre os quais menciona a reserva do possível.³⁰¹ No entanto, o autor defende que a proteção do mínimo existencial escapa ao condicionamento imposto pela reserva do econômica e financeiramente possível.³⁰² Assim, ele afirma que quando se cuidar de garantir prestações minimamente necessárias para uma existência digna – e somente nestes casos – poderá o Poder Judiciário determinar uma solução que preserve a dignidade da pessoa humana, podendo até mesmo fazer escolhas políticas, as quais cabem prioritariamente ao legislador.³⁰³ Nessa esteira, o autor define o direito ao mínimo para uma existência digna como um "direito sobre direitos", o qual não tem conteúdo próprio, diferenciado dos outros direitos fundamentais, contudo trata-se de um "direito ao cumprimento do mínimo de outros direitos fundamentais".³⁰⁴ Essa proposição é complementada pelo autor com a conclusão de que o direito ao mínimo existencial é

---

²⁹⁷ SARLET, Ingo Wolfgang. *A eficácia dos direitos fundamentais.* 10. ed. Porto Alegre: Livraria do Advogado, 2009, p. 321.
²⁹⁸ SARMENTO, Daniel. *A proteção judicial dos direitos sociais: alguns parâmetros ético-jurídicos.* In: SOUZA NETO, Claudio Pereira de e SARMENTO, Daniel (Coords.). Direitos sociais. Fundamentos, judicialização e direitos sociais em espécie. Rio de Janeiro: Lumen Juris, 2008, p. 579.
²⁹⁹ SARLET, Ingo Wolfgang. *A eficácia dos direitos fundamentais.* 10. ed. Porto Alegre: Livraria do Advogado, 2009, p. 322.
³⁰⁰ BITENCOURT NETO, Eurico. *O direito ao mínimo para uma existência digna.* Porto Alegre: Livraria do Advogado, 2010, p. 179.
³⁰¹ Idem, p. 144.
³⁰² Idem, p. 156.
³⁰³ Idem, p. 157-158.
³⁰⁴ Idem, p. 172-173.

um "direito-princípio, no sentido de que dele podem ser extraídas múltiplas posições ativas para os cidadãos, de defesa, de proteção ou de prestações, além de que dele decorrem deveres para os poderes públicos".[305]

Nessa senda, no que tange ao direito à educação, Garcia sustenta que na falta de previsão orçamentária para que se efetue uma despesa deverá ser preconizado o mínimo existencial e, havendo confronto entre a lei orçamentária e o conteúdo da dignidade humana, esta deve preponderar sobre a legalidade orçamentária.[306]

No âmbito do direito à saúde, Sarlet e Figueiredo assumem posição semelhante, abordando ainda a problemática da reserva do possível:

> [...] em matéria de tutela do mínimo existencial (o que no campo da saúde, pela sua conexão com os bens mais significativos para a pessoa) há que reconhecer um direito subjetivo definitivo a prestações e uma cogente tutela defensiva, de tal sorte que, em regra, razões vinculadas à reserva do possível não devem prevalecer como argumento a, por si só, afastar a satisfação do direito e exigência do cumprimento dos deveres, tanto conexos quanto autônomos, já que nem o princípio da reserva parlamentar em matéria orçamentária nem o da separação dos poderes assumem feições absolutas.[307]

Assim, os autores mencionam que uma alternativa apta a minimizar os efeitos da reserva do possível seria a possibilidade de redirecionar recursos no âmbito dos recursos disponíveis e disponibilizáveis.[308]

Sarlet menciona, ademais, que a efetiva necessidade de quem pleiteia um direito fundamental é um parâmetro que precisa ser levado a sério, pois não seria proporcional ou razoável um particular que disponha dos meios efetivos exigir uma prestação estatal.[309]

Assim, embora não exista consenso doutrinário quanto à possibilidade de se restringir o mínimo existencial em face dos limites impostos pela reserva do possível, pode-se defender que esta não

---

[305] BITENCOURT NETO, Eurico. *O direito ao mínimo para uma existência digna*. Porto Alegre: Livraria do Advogado, 2010, p. 173.

[306] GARCIA, Emerson. *O direito à educação e suas perspectivas de efetividade*. Disponível em: http://jusvi.com/artigos/2183. Acesso em 13 de outubro de 2009.

[307] SARLET, Ingo Wolfgang e FIGUEIREDO, Mariana Filchtiner. *Reserva do possível, mínimo existencial e direito à saúde: algumas aproximações*. In: SARLET, Ingo Wolfgang e TIMM, Luciano Benetti (Orgs.). Direitos Fundamentais, Orçamento e Reserva do Possível. Porto Alegre: Livraria do Advogado, 2008, p. 42-43.

[308] Idem, p. 34.

[309] SARLET, Ingo Wolfgang. *A eficácia dos direitos fundamentais*. 10. ed. Porto Alegre: Livraria do Advogado, 2009, p. 326.

poderá ser alegada quando em causa a necessidade de preservar a vida e a dignidade da pessoa. Isso também pode ser defendido com apoio na dupla dimensão atribuída ao mínimo existencial: a necessidade de preservar o conteúdo mínimo em prestações indispensáveis para a garantia de uma vida digna, bem como o dever de fornecer essas prestações.

Desse modo, a reserva do possível só poderá atuar como argumento válido quando restar efetivamente demonstrado pelos poderes públicos que eventual restrição a direitos sociais foi o resultado de um exercício de ponderação entre princípios conflitantes, atendidos os requisitos da proporcionalidade e preservado o conteúdo mínimo necessário para a garantia de uma vida digna.

2.5. Aplicação da noção de reserva do possível pelo Supremo Tribunal Federal

Uma vez tecidas as considerações relativas aos custos dos direitos, às dimensões da reserva do possível e as possibilidades de sua superação, passa-se a analisar a jurisprudência do Supremo Tribunal Federal, doravante referido apenas como STF, acerca destes temas.

A noção de reserva do possível vem sendo abordada pelo STF sob alguns aspectos que merecem ser coligidos. Assim, serão analisadas algumas decisões que guardam relação com o tema proposto.

O primeiro aspecto relevante que passa a ser mencionado foi consignado na decisão da Arguição de Descumprimento de Preceito Fundamental nº 45 do Distrito Federal trata da reserva do possível partindo da premissa segundo a qual os direitos sociais só podem ser concretizados na medida em que haja verba suficiente e que o destinatário da obrigação prestacional possa dispor dessa verba. Além desses fatores, que o eminente Relator da decisão entendeu cumulativos, a prestação exigida deverá ser razoável.

Esse julgamento tornou-se paradigmático na questão da reserva do possível, podendo até mesmo ser considerado o mais importante nesta matéria, razão pela qual será analisado mais detidamente, ao menos nos aspectos mais essenciais relativos ao tema do presente trabalho.

A ADPF 45/DF foi impetrada pelo Partido da Social Democracia Brasileiro (PSDB) contra veto do Presidente da República ao § 2º do art. 55 (posteriormente renumerado para art. 59), de proposição legislativa que se converteu na Lei nº 10.707/2003 (LDO), a qual se destinava a fixar as diretrizes pertinentes à elaboração da lei orçamentária anual de 2004. O dispositivo vetado dispunha:

> § 2º Para efeito do inciso II do caput deste artigo, consideram-se ações e serviços públicos de saúde a totalidade das dotações do Ministério da Saúde, deduzidos os encargos previdenciários da União, os serviços da dívida e a parcela das despesas do Ministério financiada com recursos do Fundo de Combate à Erradicação da Pobreza.

O autor da ação constitucional sustentou que o veto presidencial importaria em desrespeito a preceito fundamental decorrente da Emenda Constitucional nº 29 de 13 de setembro de 2000 (publicada no Diário Oficial da União em 14/09/2000), que foi promulgada para garantir recursos financeiros mínimos a serem aplicados nas ações e serviços públicos de saúde. A decisão restou assim ementada:

> ARGÜIÇÃO DE DESCUMPRIMENTO DE PRECEITO FUNDAMENTAL. A questão da legitimidade constitucional do controle e da intervenção do poder judiciário em tema de implementação de políticas públicas, quando configurada hipótese de abusividade governamental. Dimensão política da jurisdição constitucional atribuída ao Supremo Tribunal Federal. Inoponibilidade do arbítrio estatal à efetivação dos direitos sociais, econômicos e culturais. Caráter relativo da liberdade de conformação do legislador. Considerações em torno da cláusula da "reserva do possível". Necessidade de preservação, em favor dos indivíduos, da integridade e da intangibilidade do núcleo consubstanciador do "mínimo existencial".[310]

A decisão proferida na ADPF 45/DF inovou em alguns aspectos, se comparada às decisões anteriores do mesmo tribunal, como, por exemplo, no que diz respeito aos recursos limitados e ao caráter relativo do direito à saúde. Tais considerações já foram mencionadas por Daniel Wei Liang Wang, em monografia apresentada à Sociedade Brasileira de Direito Público, onde analisou a jurisprudência do STF.[311]

O autor mencionado refere, no entanto, que, apesar da relevância dos aspectos ali desenvolvidos, a ADPF é forma de controle

---

[310] Arguição de descumprimento de preceito fundamental nº 45/Distrito Federal. Relator Ministro Celso de Mello. Publicada em 04/05/2004. Disponível em: www.stf.jus.br. Acesso em 31 de maio de 2007.

[311] WANG, Daniel Wei Liang. *Escassez de recursos, custos dos direitos e reserva do possível na jurisprudência do Supremo Tribunal Federal*. Disponível em: www. sbdp.org.br. Acesso em 31 de maio de 2007.

abstrato de preceito fundamental, e não define critérios precisos que pudessem atuar como referencial à administração, ao Poder Judiciário e aos cidadãos. Além disso, esta ação foi julgada prejudicada, pois perdeu seu objeto, tendo em vista que o Presidente da República enviou ao Congresso Nacional um novo projeto de lei, que foi transformado na Lei nº 10.777/2003, onde restaurou integralmente o dispositivo da Lei nº 10.707/2003. O aspecto da prejudicialidade foi devidamente enfrentado pelo Relator, que justificou a análise dos fundamentos expendidos com base na dimensão política da jurisdição constitucional, de modo que o STF não poderia esquivar-se da tarefa de garantir efetividade aos direitos sociais, como se observa:

> Essa eminente atribuição conferida ao Supremo Tribunal Federal põe em evidência, de modo particularmente expressivo, a dimensão política da jurisdição constitucional conferida a esta Corte, que não pode demitir-se do gravíssimo encargo de tornar efetivos os direitos econômicos, sociais e culturais – que se identificam, enquanto direitos de segunda geração, com as liberdades positivas, reais ou concretas (RTJ 164/158-161, Rel. Min. CELSO DE MELLO) –, sob pena de o Poder Público, por violação positiva ou negativa da Constituição, comprometer, de modo inaceitável, a integridade da própria ordem constitucional: [...]

As considerações tecidas pelo Ministro Celso de Mello demonstram o reconhecimento da vinculação do Poder Judiciário aos direitos fundamentais, tema que já foi abordado anteriormente, no primeiro capítulo do presente trabalho.

Wang menciona, ademais, que a decisão poderia ter ficado restrita à questão processual da perda do objeto, sem que fosse analisado o mérito; contudo o Ministro Celso de Mello desenvolveu uma argumentação que representou uma inovação em face à jurisprudência já consolidada no STF sobre a matéria.[312]

Uma vez delineadas as considerações iniciais veiculadas na decisão ora comentada, passa-se à análise dos fundamentos colacionados pelo Ministro Relator sobre o tema da reserva do possível:

> Não deixo de conferir, no entanto, assentadas tais premissas, significativo relevo ao tema pertinente à "reserva do possível" (STEPHEN HOLMES/CASS R. SUNSTEIN, "The Cost of Rights", 1999, Norton, New York), notadamente em sede de efetivação e implementação (sempre onerosas) dos direitos de segunda geração (direitos econômicos, sociais e culturais), cujo adimplemento, pelo Poder Público, impõe e exige, deste, prestações estatais positivas concretizadoras de tais prerrogativas individuais e/ou coletivas. É que a realização dos direitos econômicos, sociais e culturais – além de caracterizar-se pela gradualidade de seu processo de concretização – depende,

---

[312] WANG, Daniel Wei Liang. *Escassez de recursos, custos dos direitos e reserva do possível na jurisprudência do Supremo Tribunal Federal*. Disponível em: www.sbdp.org.br. Acesso em 31 de maio de 2007.

> *em grande medida, de um inescapável vínculo financeiro subordinado às possibilidades orçamentárias do Estado, de tal modo que, comprovada, objetivamente, a incapacidade econômico-financeira da pessoa estatal, desta não se poderá razoavelmente exigir, considerada a limitação material referida, a imediata efetivação do comando fundado no texto da Carta Política.* [Grifo nosso]

Tal passagem aborda, com alguma brevidade, a questão dos custos dos direitos, em que o Relator afirma que a efetivação dos direitos prestacionais está sujeita à existência de verbas e às possibilidades orçamentárias do Estado. O primeiro aspecto pode ser reconduzido à dimensão fática da reserva do possível, cujo conteúdo já se procurou elucidar, enquanto o segundo pode ser remetido à dimensão jurídica. No entanto, este segundo aspecto não foi desenvolvido, fazendo crer que possibilidade orçamentária diga respeito apenas aos aspectos econômico-financeiros, o que não se mostra inteiramente verdadeiro, conforme se intentou aclarar no item precedente deste capítulo. O Ministro Relator afirmou, ainda, que a incapacidade econômico-financeira do ente estatal deverá ser "objetivamente" comprovada, mas não menciona como isso deva ser feito. Por fim, sustenta que a prestação exigida deverá ser razoável, sob pena de não poder ser efetivada imediatamente.

Além destas considerações, o Ministro Celso de Mello aponta que a reserva do possível não poderá ser alegada pelo Estado como escusa ao não cumprimento de obrigações com assento constitucional, a menos que exista motivo "objetivamente aferível", a teor do que se lê:

> Não se mostrará lícito, no entanto, ao Poder Público, em tal hipótese – mediante indevida manipulação de sua atividade financeira e/ou político-administrativa – criar obstáculo artificial que revele o ilegítimo, arbitrário e censurável propósito de fraudar, de frustrar e de inviabilizar o estabelecimento e a preservação, em favor da pessoa e dos cidadãos, de condições materiais mínimas de existência. Cumpre advertir, desse modo, que a cláusula da "reserva do possível" – ressalvada a ocorrência de justo motivo objetivamente aferível – não pode ser invocada, pelo Estado, com a finalidade de exonerar-se do cumprimento de suas obrigações constitucionais, notadamente quando, dessa conduta governamental negativa, puder resultar nulificação ou, até mesmo, aniquilação de direitos constitucionais impregnados de um sentido de essencial fundamentalidade.

Quanto a este aspecto, assiste razão ao Ministro Relator, uma vez que os direitos sociais reclamam, quanto a sua efetivação, um mínimo de concretização. Essa proposição já havia sido sustentada por Krell, para quem "os direitos fundamentais de defesa somente podem ser eficazes quando protegem, ao mesmo tempo, as condições materiais mínimas necessárias para a possibilidade da sua realização".[313]

Prosseguindo na fundamentação da decisão, o Ministro Celso de Mello passa a enumerar o que chamou de "condicionamentos" que derivam da reserva do possível quando em causa a realização dos direitos de caráter prestacional, *verbis*:

> Vê-se, pois, que os condicionamentos impostos, pela cláusula da "reserva do possível", ao processo de concretização dos direitos de segunda geração – de implantação sempre onerosa –, traduzem-se em um binômio que compreende, de um lado, *(1) a razoabilidade da pretensão individual/social deduzida em face do Poder Público e, de outro, (2) a existência de disponibilidade financeira do Estado para tornar efetivas as prestações positivas dele reclamadas.* [Grifo nosso]

De acordo com Wang, "ainda é preciso que a jurisprudência do STF defina o que é um pedido razoável e o que se entende por disponibilidade financeira". Nesse ponto, há que se concordar com a observação do autor mencionado, pois, embora esta seja a única decisão do STF que trata do tema da reserva do possível com mais detalhamentos, o cerne da problemática não foi enfrentado. O que se observa é um esboço teórico das dimensões que compõem a reserva do possível, sem, contudo, especificar ou definir no que consistem efetivamente, vale dizer, como isso seria aplicado frente a um caso concreto. Por certo que essas considerações não poderiam ser feitas em sede de ADPF. No entanto, assiste razão a Wang quando afirma que não foram estabelecidos critérios referenciais sobre como lidar com a questão da reserva do possível.

Outros aspectos ventilados na decisão em comento, tais como controle de políticas públicas pelo Poder Judiciário, deixam de ser desenvolvidos, pois a presente análise privilegia os aspectos mais diretamente ligados à reserva do possível.

De toda sorte, até o presente momento, a ADPF nº 45 foi a única decisão que enfrentou, ainda que de forma tangencial, a problemática decorrente da noção de reserva do possível e, como já se afirmou, pode ser citada como a mais importante decisão do STF sobre este tema. Isso se comprova pelo fato de que praticamente todas as decisões posteriores remetem a esse precedente.[314]

---

[313] KRELL, Andreas J. *Direitos Sociais e Controle Judicial no Brasil e na Alemanha*. Porto Alegre: Sergio Antonio Fabris Editor, 2002, p. 47.

[314] A exemplo das seguintes decisões: RE 595595 AgR/SC, RE 410715 AgR/SP, RE 602652/SP, RE 367432/PR e RE 600419/SP. Disponível em: www.stf.jus.br. Acesso em 15 de novembro de 2009.

No julgamento seguinte, analisou-se o direito fundamental à educação, onde restou consignado que por ser um direito fundamental e por decorrer de mandamento constitucional expresso, o ente estatal não pode furtar-se a sua concretização. É o que se vê da ementa:

> RECURSO EXTRAORDINÁRIO – CRIANÇA DE ATÉ SEIS ANOS DE IDADE – Atendimento em creche e em pré-escola – Educação infantil – Direito assegurado pelo próprio texto constitucional (CF, art. 208, IV) – Compreensão global do direito constitucional à educação – Dever jurídico cuja execução se impõe ao poder público, notadamente ao município (CF, art. 211, § 2º) – Recurso improvido.[315]

Em seu voto, o Ministro Celso de Mello teceu algumas considerações que, dada a sua importância, merecem ser coligidas a esse trabalho. Primeiramente, o eminente Ministro aborda a questão das políticas públicas, afirmando que sua implementação e execução cabem, primeiramente, aos Poderes Legislativo e Executivo, mas que uma intervenção do Judiciário revela-se possível naqueles casos onde a omissão do órgão estatal possa comprometer a eficácia do direito constitucionalmente assegurado.[316]

A seguir, ele analisa a teoria da reserva do possível, tendo em conta os direitos a prestações. Admite que esses direitos têm um custo, e que nem sempre sua efetivação poderá se dar de forma imediata. Para o Ministro, no entanto, não é lícito criar mecanismos artificiais de manipulação da atividade financeira com o propósito de inviabilizar prestações mínimas. Desse modo, a reserva do possível não pode ser invocada com a finalidade de exonerar o ente estatal do cumprimento de direitos cuja não implementação poderia configurar sua aniquilação, sempre lembrando que esses direitos são revestidos de "essencial fundamentalidade". No entanto, no presente julgado não se observa nenhuma inovação quanto à temática da reserva do possível. O Ministro Relator utiliza fundamentação idêntica àquela da ADPF nº 45, de modo que repeti-la não se afigura necessário.

A próxima decisão trata do pedido de suspensão de segurança nº 3741, de relatoria do Ministro Presidente Gilmar Mendes, formulado pelo Município de Fortaleza, em face da decisão liminar proferida pelo Tribunal de Justiça do Ceará, que determinou que o Estado do Ceará e o Município de Fortaleza fornecessem medica-

---

[315] RE 410715 AgR/ SP, julgado em 22.11.2005. Disponível em: www.stf.jus.br. Acesso em 15 de novembro de 2009.

[316] V. Voto do Ministro Celso de Mello no julgamento do REAgR 410715/ SP (Julgado em 22.11.2005). Disponível em: www.stf.jus.br.

mentos de alto custo. Contra esta decisão, o Município de Fortaleza ajuizou o pedido de suspensão de segurança sob a alegação de risco de grave lesão à ordem e à economia públicas, uma vez que o Sistema Único de Saúde não reservou aos Municípios o dever de garantir o acesso da população a medicamentos excepcionais e de alto custo.[317]

Na fundamentação da decisão, o Ministro Presidente primeiramente ressalta os requisitos para deferimento da suspensão de segurança, para então passar a proferir um "juízo de delibação" acerca das questões jurídicas presentes na ação principal.[318]

Tais questões passam a ser analisadas, com ênfase nas considerações tecidas acerca da reserva do possível. Primeiramente o Ministro Presidente passa a explicitar o âmbito de aplicação da norma constitucional que consagra o direito à saúde, como se lê:

> As divergências doutrinárias quanto ao efetivo âmbito de proteção da norma constitucional do direito à saúde decorrem, especialmente, da natureza prestacional desse direito e da necessidade de compatibilização do que se convencionou denominar de "mínimo existencial" e da "reserva do possível" (Vorbehalt des Möglichen).

Assim, o Ministro-Presidente aponta que a prestação de direitos sociais pressupõe a compatibilização entre reserva do possível e mínimo existencial, mas não informa o significado desses conceitos. Além disso, conforme já se disse, a reserva do possível é limite fático à concretização dos direitos, tanto de liberdade quanto prestacionais, e não integra o conteúdo desses direitos, como quis fazer crer o Ministro-Relator.

A seguir, passa a abordar a questão dos custos dos direitos, da escassez de recursos e das escolhas alocativas frente aos direitos sociais, reportando-se à obra de Holmes e Sunstein, *verbis*:

> Ressalto, nessa perspectiva, as contribuições de Stephen Holmes e Cass Sunstein para o reconhecimento de que todas as dimensões dos direitos fundamentais têm

---

[317] Suspensão de Segurança 3741/CE. Relator: Ministro Presidente Gilmar Mendes. Julgamento em 27/05/2009. Publicado em 03/06/2009. Disponível em: www.stf.jus.br. Acesso em 18 de novembro de 2009.

[318] É o que se lê na decisão do Ministro Presidente: "Ressalte-se, não obstante, que, na análise do pedido de suspensão de decisão judicial, não é vedado ao Presidente do Supremo Tribunal Federal proferir um juízo mínimo de delibação a respeito das questões jurídicas presentes na ação principal, conforme tem entendido a jurisprudência desta Corte, da qual se destacam os seguintes julgados: SS-AgR no 846/DF, Rel. Sepúlveda Pertence, DJ 8.11.1996 e SS-AgR no 1.272/RJ, Rel. Carlos Velloso, DJ 18.5.2001. O art. 4º da Lei no 4.348/1964 autoriza o deferimento do pedido de suspensão da segurança concedida em mandado de segurança movido contra o Poder Público ou seus agentes, a requerimento da pessoa jurídica de direito público interessada, em caso de manifesto interesse público ou de flagrante ilegitimidade, e para evitar grave lesão à ordem, à saúde, à segurança e à economia públicas".

> custos públicos, dando significativo relevo ao tema da "reserva do possível", especialmente ao evidenciar a "escassez dos recursos" e a necessidade de se fazer escolhas alocativas, concluindo, a partir da perspectiva das finanças públicas, que "levar a sério os direitos significa levar à sério a escassez" (HOLMES, Stephen; SUNSTEIN, Cass. The Cost of Rights: Why Liberty Depends on Taxes. W. W. Norton & Company: Nova Iorque, 1999.). Embora os direitos sociais, assim como os direitos e liberdades individuais, impliquem tanto direitos a prestações em sentido estrito (positivos), quanto direitos de defesa (negativos), e ambas as dimensões demandem o emprego de recursos públicos para a sua garantia, é a dimensão prestacional (positiva) dos direitos sociais o principal argumento contrário à sua judicialização.

Novamente o que se vê são abordagens teóricas, amparadas na doutrina especializada, que apenas contornam o problema. É consabido pela doutrina que se ocupa do estudo dos direitos prestacionais que a sua realização importa custos e a necessidade de escolhas alocativas, de modo que caberia à jurisdição constitucional analisar esses aspectos em face dos casos concretos postos a sua apreciação. Desse modo, a mera reprodução de argumentos doutrinários não se mostra suficiente a elucidar todas as dúvidas que surgem quando em causa a obrigação surgida para os entes estatais de conceder prestações onerosas.

Na sequência, o Ministro-Relator passa a versar sobre o aspecto econômico-financeiro vinculado aos direitos sociais, bem como de sua natureza programática:

> A dependência de recursos econômicos para a efetivação dos direitos de caráter social leva parte da doutrina a defender que as normas que consagram tais direitos assumem a feição de normas programáticas, dependentes, portanto, da formulação de políticas públicas para se tornarem exigíveis. Nesse sentido, também se defende que a intervenção do Poder Judiciário, ante a omissão estatal quanto à construção satisfatória dessas políticas, violaria o princípio da separação dos poderes e o princípio da reserva do financeiramente possível.

Aqui surge a questão da necessidade de elaboração de políticas públicas que tornem exequíveis os direitos sociais, desconsiderando a previsão de aplicabilidade imediata garantida a todos os direitos fundamentais. Nesse ponto o Ministro trata, ainda, da reserva do possível como um princípio, ao qual atribui apenas a dimensão da impossibilidade financeira, o que é verdadeiro apenas em parte, conforme se procurou demonstrar ao longo do presente trabalho.

A seguir, o Ministro-Relator menciona que a atuação do Poder Judiciário com vistas a garantir prestações de direitos sociais na área da saúde por vezes faz com que os governos extrapolem as suas capacidades orçamentárias. De modo a solucionar tais questões no caso concreto, refere que juízos de ponderação não podem ser evitados:

> De toda forma, parece sensato concluir que, ao fim e ao cabo, problemas concretos deverão ser resolvidos levando-se em consideração todas as perspectivas que a questão dos direitos sociais envolve. Juízos de ponderação são inevitáveis nesse contexto prenhe de complexas relações conflituosas entre princípios e diretrizes políticas ou, em outros termos, entre direitos individuais e bens coletivos.

Naquilo que sobeja da decisão ora comentada, o Ministro-Presidente faz uma profunda análise sobre os direitos sociais e o direito à saúde, ressaltando que "ante a impreterível necessidade de ponderações, são as circunstâncias específicas de cada caso que serão decisivas para a solução da controvérsia".

A problemática da reserva do possível, entretanto, aparece apenas como possível limite (restrito à dimensão financeira) à efetivação dos direitos sociais. Quanto ao mais, reporta-se à ADPF nº 45, e decide com base no princípio da proporcionalidade: "O fornecimento dos medicamentos Revia, Alprazolam, Rohydorm, Dormonid, Depakote, Lactulona e Motilium, do suplemento nutricional Enteral, das insulinas Lantus e Novorapid e da pomada Elidel creme, prescritos aos pacientes substituídos pelo Ministério Público Estadual, mostra-se *necessário, adequado e proporcional*". [Grifo nosso]

O próximo julgado que se passa a analisar, de lavra do Ministro Gilmar Mendes, diz respeito ao pedido de suspensão da antecipação da tutela recursal,[319] ajuizado pelo Estado de Minas Gerais, contra decisão do Tribunal Regional Federal da 1ª Região, que deferiu parcialmente a antecipação de tutela mandamental para determinar à União, ao Estado de Minas Gerais e ao Município de Belo Horizonte, o fornecimento do medicamento "Elaprase" (Idursulfase) em favor de menor portador da Síndrome de Hunter (Mucopolissacaridose de Tipo II). O pedido teve origem em ação civil pública, ajuizada pelo Ministério Público Federal, que também requereu que fosse determinada à União a inclusão do referido medicamento na lista de medicamentos excepcionais. O Juízo da 14ª Vara Federal da Seção Judiciária do Estado de Minas Gerais indeferiu a antecipação de tutela. Contra essa decisão, o MPF interpôs Agravo de Instrumento perante o TRF da 1ª Região. O

---

[319] Suspensão de tutela antecipada nº 198/MG. Relator: Ministro Presidente Gilmar Mendes. Julgamento em 22/12/2008. Publicado em 03/02/2009. Disponível em: www.stf.jus.br. Acesso em 21 de novembro de 2009.

Relator do Agravo de Instrumento deferiu parcialmente a tutela requerida para determinar o fornecimento do medicamento, sob pena de autorização do sequestro de verbas dos cofres públicos dos responsáveis. O pedido de suspensão fundamentou-se em lesão à saúde e à segurança públicas, tendo em vista que o medicamento é importado e não tem registro na ANVISA, em grave lesão à economia pública, pois o custo anual do tratamento gira em torno de R$ 2.600.000,00, na violação do princípio da reserva do possível, na ingerência do Poder Judiciário no exercício das funções do Poder Executivo e na afronta ao planejamento orçamentário; bem como na possibilidade de ocorrência de "efeito multiplicador", em razão do crescimento de demandas judiciais contra a União para o fornecimento de medicamentos, o que poderia comprometer a viabilidade do Sistema Único de Saúde.

Tecidas as primeiras considerações sobre a viabilidade do pedido de suspensão da antecipação de tutela recursal, o Ministro-Relator reproduz os argumentos esboçados na decisão anteriormente comentada (SS nº 3741) no que tange ao direito à saúde e sua natureza prestacional, bem como sua qualificação como direito subjetivo público, mas que comporta uma dimensão individual. O Relator remete à ADPF nº 45 ao discorrer sobre políticas públicas e passa então a explicitar o funcionamento do Sistema Único de Saúde, o qual atua de forma descentralizada e conjugando recursos dos três entes da Federação. De acordo com o Relator, o SUS está baseado no financiamento público e na cobertura universal das ações de saúde.

O aspecto que merece ser destacado, por estar ligado à reserva do possível, diz respeito à estabilidade dos gastos estatais, como se vê: "Dessa forma, para que o Estado possa garantir a manutenção do sistema é necessário que se atente para a estabilidade dos gastos com a saúde e, consequentemente, para a captação de recursos". Nesse ponto, pode-se sustentar que a reserva do possível atuaria como limite negativo, ou seja, justificaria o indeferimento de uma prestação que implicasse um gasto estatal tão grande que pudesse comprometer todo o sistema. Isso significa, em outras palavras, que o deferimento de uma tal prestação tornaria inviável a concretização de outras políticas públicas já determinadas, uma vez que poderia "esvaziar" os cofres públicos. Além disso, haveria o comprometimento do acesso universal e igualitário, no caso específico do direito à saúde. A decisão abordou alguns desses aspectos, a saber:

> Se a prestação de saúde pleiteada não for abrangida pelas políticas do SUS, é imprescindível distinguir se a não-prestação decorre de uma omissão legislativa ou administrativa, ou de uma decisão administrativa de não fornecer. Nesses casos, a ponderação dos princípios em conflito dará a resposta ao caso concreto. Importante, no entanto, que os critérios de justiça comutativa que orientam a decisão judicial sejam compatibilizados com os critérios das justiças distributiva e social que determinam a elaboração de políticas públicas. *Em outras palavras, ao determinar o fornecimento de um serviço de saúde (internação hospitalar, cirurgia, medicamentos, etc.), o julgador precisa assegurar-se de que o Sistema de Saúde possui condições de arcar não só com as despesas da parte, mas também com as despesas de todos os outros cidadãos que se encontrem em situação idêntica.* Essas considerações já são suficientes para a análise do pedido. [Grifo nosso]

Assim, assume relevo a noção de reserva do possível tanto no aspecto fático da existência de recursos (como verbas públicas para realizar o direito pleiteado e recursos humanos, como médicos, enfermeiros, etc.) quanto no aspecto jurídico, em que estaria em causa a possibilidade de o ente público efetivamente dispor dos recursos necessários a concretizar o direito requerido, sem desequilibrar o sistema. Essas considerações foram devidamente desenvolvidas na presente decisão, onde restou consignado, por exemplo, que "o impacto anual no orçamento da saúde, somados os valores dos pedidos das ações que tramitam na Justiça Federal referentes à doença Mucopolissacaridose, é de R$ 15.837.691,20".

Em que pesem tais considerações, o pedido de suspensão foi indeferido. A solução encontrada para o presente caso foi a ponderação entre os altos custos do medicamento e o direito à saúde, como se observa:

> O alto custo do medicamento não é, por si só, motivo para o seu não fornecimento, visto que a Política de Dispensação de Medicamentos excepcionais visa contemplar justamente o acesso da população acometida por enfermidades raras aos tratamentos disponíveis. [...] Inocorrentes os pressupostos contidos no art. 4º da Lei no 8.437/1992, verifico que a ausência do medicamento solicitado poderá ocasionar graves e irreparáveis danos à saúde e à vida da paciente.
> [...] A decisão que determinou ao Estado o seu fornecimento, se suspensa, poderá acarretar dano irreparável para o menor. Assim, não é possível vislumbrar grave ofensa à ordem, à saúde, à segurança ou à economia públicas a ensejar a adoção da medida excepcional de suspensão de tutela antecipada. Ante o exposto, indefiro o pedido de suspensão.

A última decisão a ser analisada trata do agravo de instrumento nº 723773, do Mato Grosso do Sul, com relatoria do Ministro Marco Aurélio, em razão de decisão do Tribunal de Justiça do Estado de Mato Grosso do Sul, em embargos infringentes, que reformou acórdão que condenava o Estado à indenização por dano moral de preso, em decorrência de violação à dignidade humana oriunda de superlotação carcerária. A ementa da decisão reza:

> DECISÃO RECURSO EXTRAORDINÁRIO – MATÉRIA FÁTICA – INVIABILIDADE – DESPROVIMENTO DO AGRAVO. 1. O Tribunal de Justiça do Estado de Mato Grosso do sul acolheu pedido formulado em embargos infringentes, ante fundamentos assim resumidos (folha 48): Embargos infringentes – Recursos interpostos pelos réus – Apreciação conjunta – Ação ordinária de reparação de danos morais – Superlotação carcerária – Princípio da reserva do possível – Estado que está buscando melhorar o sistema prisional dentro dos limites da razoabilidade e disponibilidade financeira/orçamentária – Suposto ato omissivo do estado em garantir a dignidade humana do preso – Inaplicabilidade do art. 37, § 6º, da Constituição Federal – Responsabilidade subjetiva – Ausência de dolo ou culpa – Acórdão reformado – Recurso conhecido e provido.[320]

O Ministro-Relator amparou-se no princípio da reserva do possível para justificar o desprovimento do agravo, aduzindo, dentre outros argumentos, que não se pode exigir do Estado a melhoria das condições prisionais, pois deve respeitar os limites da razoabilidade e disponibilidade financeira e orçamentária, a teor do que se lê:

> Em face do princípio da "reserva do possível", não se pode impor ao Estado a obrigação de melhorar as condições mínimas de sobrevivência garantidas aos presidiários, visto que é lícito ao Poder Público cumprir suas obrigações legais dentro dos limites da razoabilidade e disponibilidade financeira e orçamentária. Tratando-se de dano decorrente de suposto ato omissivo de o Estado garantir a dignidade humana do preso, a responsabilidade é subjetiva, exigindo-se, para sua configuração, a presença de dolo ou culpa.

Neste caso, a reserva do possível foi aplicada para não conceder o direito pleiteado, e aqui não houve qualquer referência à ponderação entre o direito do preso a condições dignas e a capacidade orçamentária do Estado.

Diante das decisões comentadas, pode-se afirmar que naqueles casos em que a vida do requerente da prestação estatal encontra-se em risco direto, o STF vale-se da reserva do possível apenas a título argumentativo, e concede a prestação. Isso é o que se extrai das decisões onde se pleiteavam prestações vinculadas ao direito à saúde, que vem sendo assimilado como decorrência do direito à vida. Também no caso do direito à educação o STF entende que se trata de direito com assento constitucional, o qual não pode ser

---

[320] Agravo de Instrumento nº 723773/MS. Relator: Ministro Marco Aurélio. Julgamento em 30/06/2009. Publicado em 06/08/2009. Disponível em: www.stf.jus.br. Acesso em 22 de novembro de 2009.

negado, de forma que nesses casos a reserva do possível não pode servir como escusa à não realização do direito.

Por outro lado, quando em causa a dignidade do preso, a reserva do possível serviu como argumento contrário à concessão da prestação estatal, embora sem maiores detalhamentos. Não houve comprovação por parte do Estado sobre a efetiva inexistência ou indisponibilidade de recursos que pudessem garantir melhorias nas condições prisionais, apenas a alegação, por parte do ente estatal, de que estaria tentando melhorar referidas condições dentro dos limites da razoabilidade e disponibilidade financeira e orçamentária. No entanto, não há qualquer menção sobre como isso está sendo feito.

Assim, o STF tem se valido da teoria da reserva do possível como argumento teórico, sem analisar sua relação com o caso concreto. Essa foi a conclusão de Wang, como se vê:

> Ainda não se pode saber o que é um pedido razoável, como se afere a capacidade financeira do Estado e quais são as hipóteses excepcionais em que cabe intervenção do Poder Judiciário. Em momento algum houve qualquer referência ao caso concreto. Pelo contrário, optou-se por repetir argumentos doutrinários que contradiziam o que os próprios acórdãos afirmavam inicialmente, como se "reserva do possível", custo dos direitos e escassez de recursos não fossem problemas a ser levados em consideração no julgamento do direito à educação.[321]

Outro ponto importante a ser destacado diz com a reticência do STF em decidir a questão da destinação da verba reservada aos fins sociais. Isso poderia ferir o princípio da separação dos poderes, porém viabiliza a realização da Constituição naquilo que ela tem de mais essencial: os direitos fundamentais.

A ADPF nº 45 abordou essa questão; no acórdão, no entanto, apenas restou consignada a possibilidade de intervenção do Judiciário quando uma ação ou omissão de outro poder estatal pudesse lesar o conteúdo essencial de um direito fundamental. A questão da destinação de verbas para o financiamento dos direitos fundamentais, entretanto, não foi objeto de nenhuma decisão até o presente momento.

Por fim, pode-se sustentar que a problemática da reserva do possível até agora não foi devidamente enfrentada pelo STF, que sequer explicita todas as suas dimensões, fazendo crer, muitas vezes, que a mesma se limita à escassez de recursos financeiros.

---

[321] WANG, Daniel Wei Liang. *Escassez de recursos, custos dos direitos e reserva do possível na jurisprudência do Supremo Tribunal Federal*. Disponível em: www. sbdp.org.br. Acesso em 31 de maio de 2007.

Naturalmente que essa é uma questão que ainda carece de maior desenvolvimento jurisprudencial, especialmente em face de sua recente assimilação no âmbito do direito constitucional brasileiro.

2.6. Estudo de caso. Previsões constitucionais de financiamento dos direitos sociais. Vinculação e desvinculação de receitas: caso específico da Desvinculação de Receitas da União

Pretende-se analisar a não aplicação das verbas orçamentárias destinadas à concretização dos direitos sociais, o que em parte ocorre em razão da Desvinculação de Receitas da União, e investigar se a reserva do possível permite ser, no caso do direito constitucional brasileiro, um argumento que se apresenta como obstáculo a essa concretização. Pela brevidade do presente estudo, deixam de ser analisadas todas as vinculações constitucionais voltadas ao financiamento e promoção dos direitos fundamentais sociais.[322]

Reserva do possível e previsões constitucionais de financiamento dos direitos sociais

Admitindo a reserva do possível como argumento válido no âmbito do direito constitucional brasileiro, podemos verificá-la na adequação entre a tributação e a realização dos direitos fundamentais, o que se dá sob dois aspectos, na esteira do que leciona Caliendo:[323]

a) A tributação como forma de *alargamento* da reserva do possível;

b) A tributação como forma de *diminuição* à reserva do possível. [Grifos do autor]

No primeiro caso tem-se a tributação voltada ao financiamento dos direitos fundamentais sociais, como é o caso das contribuições sociais. Essas são instituídas com uma finalidade específica, a qual

---

[322] Outro caso paradigmático que mereceria análise, especialmente no tocante ao emprego efetivo das verbas arrecadadas, seria a CPMF, a qual, em função da delimitação do presente trabalho, não foi contemplada.

[323] CALIENDO, Paulo. Reserva do possível, direitos fundamentais e tributação. In: SARLET, Ingo Wolfgang e TIMM, Luciano Benetti (org.). *Direitos Fundamentais, Orçamento e Reserva do Possível*. Porto Alegre: Livraria do Advogado, 2008, p. 206.

não deve ser afastada. De acordo com a doutrina especializada, a finalidade apresenta-se como elemento essencial para a configuração das contribuições.[324] Desse modo, a instituição de contribuições sociais fica necessariamente vinculada às finalidades constitucionalmente previstas no art. 149.[325] A concretização da finalidade funciona, desse modo, como critério para se aferir a validade da contribuição instituída. No entanto, quando os recursos vinculados são destinados para outra finalidade, constata-se desvio de finalidade ou até mesmo fraude legislativa, conforme menciona o autor.[326]

A título de exemplo, elencam-se apenas algumas previsões, conforme aponta Caliendo:[327]

1. As vinculações constitucionais de receitas de tributos para a saúde e educação;

2. A instituição de Contribuições de Intervenção no Domínio Econômico;

3. A instituição de Contribuições Sociais.

Quanto ao segundo aspecto, qual seja, da tributação como forma de diminuição da reserva do possível, o exemplo que abordaremos será o da Desvinculação de Receitas da União, que passa a ser analisada no tópico seguinte.

Vinculações constitucionais no âmbito das contribuições sociais e desvinculação de receitas

A teor do proposto pelo presente trabalho, a análise das vinculações constitucionais ficará restrita a apenas alguns exemplos, notadamente à vinculação das contribuições sociais.

Assim, cabe enumerá-las, com apoio no que propõe Fernando Facury Scaff.[328]

---

[324] Vide, por exemplo, GRECCO, Marco Aurélio. *Contribuições (uma figura "sui generis")*. São Paulo: Dialética, 2000, p. 238. "[...] entendo que elemento essencial para a configuração das contribuições no regime constitucional de 1988 é a finalidade a que se destinam".

[325] Art. 149, *caput*: "Compete exclusivamente à União instituir contribuições sociais, de intervenção no domínio econômico e de interesse das categorias profissionais ou econômicas, como instrumento de sua atuação nas respectivas áreas, observado o disposto nos arts. 146, III e 150, I e III, e sem prejuízo do previsto no art. 195, § 6º, relativamente às contribuições a que alude o dispositivo". Constituição Federal. 13. ed. Porto Alegre: Verbo Jurídico, 2007.

[326] CALIENDO, Paulo. *Direito tributário e análise econômica do Direito*: uma visão crítica. Rio de Janeiro: Elsevier, 2009, p. 213.

[327] Idem, p. 206.

[328] SCAFF, Fernado Facury e MAUÉS, Antônio G. Moreira. *Justiça Constitucional e Tributação*. São Paulo: Dialética, 2005, p. 98-99.

– Contribuição Social do Salário-educação, prevista no art. 212, § 5°, da CF/88, onde um terço dos recursos é destinado ao Fundo Nacional de Desenvolvimento da Educação (FNDE) e dois terços são destinados às Secretarias Estaduais de Educação.

– Contribuição Social para o PIS-Pasep, prevista no art. 239, §§ 1° e 3°, da CF/88, onde 40% dos recursos são destinados ao Banco Nacional de Desenvolvimento Econômico e Social (BNDES) e 60% ficam destinados ao Fundo de Amparo ao Trabalhador.

– Contribuição Social para o Lucro das Pessoas Jurídicas, prevista no art. 195 da CF/88, onde 100% da arrecadação é destinada à Seguridade Social.

– Contribuição dos Trabalhadores e Empregadores para a Seguridade Social, prevista no art. 195 da CF/88, onde 100% dos recursos arrecadados são destinados ao Fundo de Previdência e Assistência Social.

A questão que se impõe é a de saber o que vem sendo feito acerca da destinação destes recursos dotados de finalidades específicas.

A Desvinculação de Receitas da União

Conforme aponta Scaff,[329] um dos fatores que desvia a destinação de recursos afetados a finalidades específicas é a Desvinculação de Receitas da União (DRU), que há vários anos vem afastando das vinculações constitucionais 20% de toda a arrecadação tributária brasileira.

A desvinculação de receitas teve por fundamento quatro emendas constitucionais, a saber: EC de revisão n° 01, que tratou do Fundo Social de Emergência, sucedida pelo Fundo de Estabilização Fiscal, previsto pelas EC n°s 10 e 17, e a Desvinculação de Receitas da União, prevista pela EC n° 27, a qual teve seu prazo dilatado até 2007 por força da EC n° 42, de 19 de dezembro de 2003.

Segundo Scaff, essas emendas desvincularam parcela dos recursos arrecadados pela União, possibilitando seu uso em outras finalidades que não as previstas constitucionalmente.[330]

A EC 42/2003 deu a seguinte redação ao art. 76 do ADTC:

---

[329] SCAFF, Fernado Facury. *Reserva do possível, mínimo existencial e direitos humanos*. Verba Juris, ano 4, n° 4, jan/dez 2005, p. 96.
[330] SCAFF, Fernando Facury e MAUÉS, Antônio G. Moreira. *Justiça Constitucional e Tributação*. São Paulo: Dialética, 2005, p. 96.

> É desvinculado de órgão, fundo ou despesa, no período de 2003 a 2007, vinte por cento da arrecadação da União de impostos, contribuições sociais e de intervenção no domínio econômico, já instituídos ou que vierem a ser criados no referido período, seus adicionais e respectivos acréscimos legais.
>
> § 1º O disposto no *caput* deste artigo não reduzirá a base de cálculo das transferências a Estados, Distrito Federal e Municípios na forma dos arts. 153, § 5º; 157, I; 158, I e II; e 159, I, a e b; e II, da Constituição, bem como a base de cálculo das destinações a que se refere o art. 159, I, c, da Constituição.
>
> § 2º Excetua-se da desvinculação de que trata o *caput* deste artigo a arrecadação da contribuição social do salário-educação a que se refere o art. 212, § 5º, da Constituição.

Finalmente, a EC 56/2007 prorrogou este prazo até 31 de dezembro de 2011, como se vê:

> Art. 1º O *caput* do art. 76 do Ato das Disposições Constitucionais Transitórias passa a vigorar com a seguinte redação:
>
> Art. 76. É desvinculado de órgão, fundo ou despesa, até 31 de dezembro de 2011, 20% (vinte por cento) da arrecadação da União de impostos, contribuições sociais e de intervenção no domínio econômico, já instituídos ou que vierem a ser criados até a referida data, seus adicionais e respectivos acréscimos legais.

A consequência mais importante que pode ser extraída da análise da DRU[331] é a desvinculação de receitas originariamente vinculadas, deixando ao arbítrio do gestor público o gasto com o percentual desvinculado. Isso significa, na prática, que as verbas destinadas ao financiamento dos direitos sociais podem ser usadas livremente em outros setores, como por exemplo, para o pagamento de juros da dívida pública.

Essa foi uma das constatações feitas pelo Tribunal de Contas da União no "Relatório e Pareceres prévios sobre o Governo da República", relativo ao exercício de 2006,[332] onde o confronto entre re-

---

[331] Importa referir, neste contexto, que a Emenda Constitucional nº 59, de 11 de novembro de 2009 acrescentou o § 3º ao art. 76 do Ato das Disposições Constitucionais Transitórias para reduzir, anualmente, a partir do exercício de 2009, o percentual da Desvinculação das Receitas da União incidente sobre os recursos destinados à manutenção e desenvolvimento do ensino de que trata o art. 212 da Constituição Federal. Disponível em: www.planalto.gov.br.

[332] Relatório e Pareceres prévios sobre o Governo da República, exercício de 2006: "A receita total da seguridade social compreende as receitas correntes e de capital classificadas nesta esfera orçamentária. Para o cálculo da Desvinculação de Receitas da União (DRU) referente à seguridade social, foram levantados os valores das contribuições sociais sobre as quais incide a desvinculação, bem como os correspondentes multas, juros de mora e dívida ativa. Os valores das multas referentes às contribuições que integram a seguridade social devem ser considerados por força da Decisão Plenária TCU nº 770/2001, que firmou entendimento no sentido de que essas multas, administradas pela Secretaria da Receita Federal, são vinculadas àquela esfera orçamentária. Destarte, foram levantados os valores da base de cálculo da DRU aplicada às receitas da seguridade: R$ 174,0 bilhões de contribuições sociais, 0,5 R$ bilhões de receita da dívida ativa e R$ 1,9 bilhões referentes às respectivas multas e juros. Ressalte-se

ceitas e despesas da Seguridade Social apontou para um resultado negativo. Assim, vale destacar um trecho do citado relatório:

> Na situação hipotética de aplicação integral na própria seguridade dos recursos da DRU, incidentes sobre as contribuições sociais, multas e respectivos juros relativos àquela esfera, *o resultado da seguridade seria positivo* no valor aproximado de R$ 5,3 bilhões.
> Destarte, conclui-se que parcela dos recursos de contribuições vinculadas à seguridade, ao ser objeto de desvinculação, *financiou despesas do orçamento fiscal* ou contribuiu para o atingimento de superávit primário no exercício de 2006.[333] [Grifo nosso]

Com isso, resta comprovado que a DRU se apresenta como um limitador da plena realização de direitos para os quais há verbas constitucionalmente vinculadas. Diante disso, o TCU fez uma recomendação no tocante à Seguridade Social:

> Recomendação: à Presidência da República, às Presidências do Senado Federal e da Câmara dos Deputados e ao Ministério Público da União que adotem medidas cabíveis, no âmbito das respectivas competências institucionais, *para reverter os efeitos da "Desvinculação das Receitas da União" (DRU)*, instituída pela EC nº 27/2000 e alterada pela EC nº 42/2003, sobre o orçamento da seguridade social. [Grifo nosso]

Segundo o Ministério do Planejamento, a DRU tem por objetivo apenas a flexibilização da alocação dos recursos públicos, e não aumento de receitas disponíveis para o governo federal. Ademais, não influi nas transferências constitucionalmente previstas para Estados e Municípios, pois a desvinculação só é efetivada após os cálculos das transferências.[334]

De acordo com Scaff, o que o Governo Federal pretende com a DRU é maior flexibilização orçamentária.[335] No entanto, observa-se que essa desvinculação representa bem mais do que mera flexibilização orçamentária, pois termina por dar ao Executivo uma permis-

---

que dessa base foram deduzidas as contribuições previdenciárias, tanto para o Regime Geral de Previdência Social (art. 167, inc. XI da CF), quanto, por analogia, para o Plano de Seguridade Social do Servidor. A receita de Contribuição do Salário-Educação exclui-se da base por força do § 2º do art. 76 do ADCT. Para a obtenção do montante da desvinculação, foram aplicados 20,0% sobre as contribuições sociais que compõem a base de cálculo da DRU, com exceção da Contribuição Provisória sobre Movimentação Financeira (CPMF), no valor de R$ 32,6 bilhões, sobre o qual foi aplicado o percentual de 15,78948%, haja vista exclusão da parcela da CPMF que financia o Fundo de Combate e Erradicação da Pobreza". p. 126-127. Disponível em: www.tcu.gov.br Acesso em: 19 de maio de 2008.

[333] Relatório TCU, p. 310.
[334] Disponível em: www.planejamento.gov.br. Acesso em: 19 de maio de 2008.
[335] SCAFF, Fernado Facury e MAUÉS, Antônio G. Moreira. *Justiça Constitucional e Tributação*. São Paulo: Dialética, 2005, p.110.

são de não empregar verbas públicas constitucionalmente afetadas a finalidades específicas, dentre as quais vale repisar o financiamento dos direitos sociais.

Interpretação constitucional da DRU

Especialmente em relação às contribuições sociais, é flagrante a inconstitucionalidade da DRU, uma vez que prevê percentual de desvinculação de uma receita originalmente vinculada. Conforme já referido anteriormente, a finalidade apresenta-se como elemento essencial para a configuração das contribuições.[336] É por este motivo que a instituição de contribuições sociais fica necessariamente vinculada às finalidades constitucionalmente previstas no art. 149.[337]

Segundo leciona Eduardo Bastos Furtado de Mendonça, a DRU é o *não orçamento* e manifestamente inconstitucional, criando um problema adicional em relação às contribuições sociais, no mesmo sentido do que se referiu alhures:

> Nesse sentido, a desvinculação de receitas das contribuições sociais e das contribuições de intervenção no domínio econômico ainda suscita uma dificuldade adicional. Toda tributação é legitimada pela destinação que será dada aos recursos, que deve atender ao interesse público. *No caso dessas contribuições, no entanto, o próprio constituinte originário já estabeleceu as finalidades que justificam a imposição, de modo que essa finalidade parece ser parte indissociável da constitucionalidade e legalidade desses tributos.* Destinação diversa afigura-se incompatível com a legalidade tributária, que constitui cláusula pétrea.[338] [Grifo nosso]

Assim, a instituição da DRU, aponta para um malferimento dos princípios constitucionais da supremacia da constituição, da separação dos poderes, e ainda, de acordo com Mendonça, da legalidade orçamentária, do princípio democrático e do princípio republicano.[339]

---

[336] Vide, por exemplo, GRECCO, Marco Aurélio. *Contribuições (uma figura "sui generis")*. São Paulo: Dialética, 2000, p. 238. "[...] *entendo que elemento essencial para a configuração das contribuições no regime constitucional de 1988 é a finalidade a que se destinam*". [Grifo nosso]

[337] Art. 149, *caput*: "Compete exclusivamente à União instituir contribuições sociais, de intervenção no domínio econômico e de interesse das categorias profissionais ou econômicas, como instrumento de sua atuação nas respectivas áreas, observado o disposto nos arts. 146, III e 150, I e III, e sem prejuízo do previsto no art. 195, § 6º, relativamente às contribuições a que alude o dispositivo".

[338] MENDONÇA, Eduardo Bastos Furtado de. *A constitucionalização das finanças públicas no Brasil. Devido Processo Orçamentário e Democracia*. Dissertação apresentada ao Programa de Pós-Graduação em Direito da Universidade do Estado do Rio de Janeiro como requisito para obtenção do título de Mestre. Orientador: Prof. Dr. Luís Roberto Barroso. Rio de Janeiro, 2008. Nota 179, p. 126.

[339] Idem, p. 127.

Chega-se a essa conclusão quando se observa que as emendas constitucionais que previram a DRU retiraram percentuais que a Constituição destinava obrigatoriamente a finalidades específicas, dentre as quais, saúde e educação, conforme aduz Scaff.[340]

A DRU cria uma contradição entre o que a Constituição prescreve e o que o Governo Federal executa, o que confirma o argumento da violação aos princípios constitucionais já apontados.

Afigura-se importante relembrar que os princípios da supremacia da constituição e da separação de poderes representam pressupostos necessários das limitações à liberdade de conformação do legislador e do administrador público. Em relação ao princípio supremacia da constituição colhe-se a lição de Luís Roberto Barroso e Ana Paula de Barcellos:

> Do ponto de vista jurídico, o principal traço distintivo da constituição é sua supremacia, sua posição hierárquica superior à das demais normas do sistema. As leis, atos normativos e atos jurídicos em geral não poderão existir validamente se incompatíveis com alguma norma constitucional.[341]

Vê-se que as emendas constitucionais que previram a DRU garantem ao gestor público uma liberdade que, a princípio, não lhe assiste, qual seja, a de desviar o emprego de verbas originariamente vinculadas a uma finalidade social, extremamente relevante, pois destinada ao financiamento de direitos fundamentais sociais. Em razão desse desrespeito à norma constitucional inscrita no art. 149, é de se concluir pela inconstitucionalidade das emendas que previram a DRU.

Segundo os autores mencionados, a interpretação constitucional toma em consideração as especificidades das normas constitucionais, o que levou ao desenvolvimento de princípios de natureza instrumental, os quais atuam como premissas conceituais, metodológicas ou finalísticas da aplicação de normas que incidem em uma relação jurídica material. Dentre esses princípios apontam a supremacia da constituição.[342]

Ademais, vale lembrar que não apenas os aludidos princípios são afrontados, mas também a vinculação aos direitos fundamen-

---

[340] SCAFF, Fernado Facury e MAUÉS, Antônio G. Moreira. *Justiça Constitucional e Tributação*. São Paulo: Dialética, 2005, p. 111.

[341] BARROSO, Luís Roberto e BARCELLOS, Ana Paula de. O começo da história: a nova interpretação constitucional e o papel dos princípios no direito brasileiro. In: SILVA, Virgílio Afonso da (org.). *Interpretação Constitucional*. São Paulo: Malheiros, 2005, p. 300.

[342] Idem, p. 315.

tais, à qual todos os poderes estatais estão sujeitos, o que inclui, naturalmente, o Poder Executivo.

Ralf Poscher[343] aponta que a vinculação aos direitos fundamentais (*Grundrechtsbindung*) em relação ao Poder Executivo apresenta uma estrutura mais complexa do que aquela do Legislativo, o que já se mostra na obrigação de omissão de condutas estatais que possam violar direitos fundamentais injustificadamente. Enquanto o legislador não pode editar leis que configurem violação aos direitos fundamentais,[344] o administrador deve abster-se de condutas igualmente violadoras. Segundo o referido autor, no caso de medidas do Executivo, a vinculação aos direitos fundamentais pelos Poderes Legislativo e Executivo são fundamentos *cumulativos* de validade. [Grifo nosso]

Trazendo os esclarecedores ensinamentos do doutrinador alemão para o caso concreto das emendas constitucionais que previram a DRU, é de se ver que tanto as emendas, quanto a desvinculação em si mesma (e o uso de recursos desviados de sua finalidade original) indicam uma violação de mandamento constitucional, nomeadamente aquele que diz com o atendimento e promoção dos direitos fundamentais por todos os poderes estatais.

Assim, conclui-se que as emendas constitucionais que previram a DRU padecem de inconstitucionalidade, pois contrariam diversos princípios constitucionais e violam o sistema constitucional como um todo, na esteira da lição de Bonavides, conforme segue:

> A interpretação de todas as normas constitucionais vem portanto regida basicamente pelo critério valorativo extraído da natureza mesma do sistema. Faz-se assim suspeita ou falha toda análise interpretativa de normas constitucionais tomadas insuladamente, à margem do amplo contexto que deriva do sistema constitucional. De modo que nenhuma liberdade ou direito, nenhuma norma de organização ou construção do Estado, será idônea, fora dos cânones da interpretação sistemática, única apta a iluminar a regra constitucional em todas as suas possíveis dimensões de sentido para exprimir-lhe corretamente o alcance e grau de eficácia.[345]

Jurisprudência sobre o tema DRU

Com relação ao tema DRU, o Supremo Tribunal Federal manifestou-se de modo inconclusivo, em decisão monocrática, onde considerou que entre as emendas nº 27/2000 e 42/2003 e a Cons-

---

[343] POSCHER, Ralf. *Grundrechte als Abwehrrechte*.Tübingen: Mohr Siebeck, 2003, p. 210.
[344] Idem, p. 203.
[345] BONAVIDES, Paulo. *Curso de Direito Constitucional*. 15. ed. São Paulo: Malheiros, 2004, p. 131.

tituição Federal não existe incompatibilidade.[346] No caso apontado, em que o autor da ação foi o Município de Alto Alegre, Roraima, a controvérsia dizia respeito aos reflexos da desvinculação parcial de 20% (vinte por cento) da arrecadação de Contribuição sobre o Lucro Líquido (CSLL), valor que passou a ser destinado à Conta Única do Tesouro, sobre o Fundo de Participação dos Municípios. Defendia o Município, em síntese, que a parcela desvinculada teria adquirido, por força da desvinculação mesma, feição de Imposto sobre a Renda e Proventos de Qualquer Natureza (IR), devendo integrar, por conseguinte, o Fundo de Participação dos Municípios (FPM). O relator limitou-se a afirmar que a desvinculação tem previsão nas já apontadas emendas constitucionais, como se vê:

> Não é caso de liminar. Não encontro aparência de razoabilidade jurídica na tese do autor, ao menos em termos de autorizar, neste juízo prévio e sumário, antecipação de tutela, ou, rectius, tutela provisória, diante da expressa previsão constitucional da Desvinculação das Receitas da União (DRU). Afinal, foram as Emendas Constitucionais nº 27/2000 e nº 42/2003 que, alterando o art. 76 do Ato das Disposições Constitucionais Transitórias, determinaram a desvinculação das receitas de impostos e contribuições sociais da União e sua aplicação na Conta Única do Tesouro Nacional, sem que aqui desponte, clara, incompatibilidade com o restante do texto constitucional.

Assim, com relação a possíveis violações de direitos fundamentais sociais, por conta do desvirtuamento no emprego de verbas com destinação específica, ainda não houve manifestação do STF. Tampouco se manifestou o STF acerca da constitucionalidade das emendas que previram a DRU.

---

[346] ACO 952 MC, Medida Cautelar na Ação Cível Originária. Relator: Ministro Cezar Peluso. Julgamento: 20/04/2007. Publicado em 26/04/2007. Disponível em: www.stf.jus.br. Acesso em 15 de maio de 2008.

Conclusão

A partir da exposição realizada, é possível extrair algumas conclusões parciais:

1. Os direitos sociais, na qualidade de direitos fundamentais constitucionalmente positivados, são direitos que asseguram a exigência de prestações positivas a serem realizadas pelo Estado. Além disso, todos os entes estatais encontram-se vinculados aos direitos sociais também em um sentido negativo: devem se abster da prática de condutas que possam violar esses direitos.

2. Em que pese a dimensão programática das normas de direitos sociais demandarem interposição legislativa para a definição do conteúdo e das políticas públicas que darão concretude aos direitos sociais, a sua falta não poderá servir como fundamento para nenhuma concretização. Conforme restou assentado, o caráter programático poderá ser relativizado, uma vez que o reconhecimento de uma dimensão objetiva também aos direitos sociais pressupõe a adoção de medidas efetivas voltadas ao cumprimento desses direitos. Ademais, a dimensão prestacional dos direitos sociais impõe deveres e tarefas para o Estado, os quais serão veiculados por meio de políticas públicas.

3. Concluiu-se, ainda, que os direitos sociais assumem também o caráter de normas principiológicas, ou seja, são normas que determinam que o direito seja realizado na maior medida possível, consideradas as possibilidades jurídicas e fáticas.

4. Em face dessas premissas, chegou-se à conclusão de que os direitos sociais são plenamente justiciáveis, especialmente nos casos em que ao Judiciário é dado corrigir a atuação deficiente dos outros poderes, de modo que, nessas situações, sua atuação não configura uma invasão de competências. Além, disso, também o Judiciário encontra-se vinculado ao dever de proteção e promoção dos direitos sociais.

5. No entanto, a concretização dos direitos sociais esbarra em alguns limites, representados primeiramente pelo seu custo, pois, conforme se mencionou ao longo desta exposição, a escassez de recursos é um problema que precisa ser enfrentado. Além da ausência de recursos e meios, observa-se que a realização dos direitos sociais pressupõe ainda a capacidade jurídica do ente estatal de dispor desses meios.

6. Da paradigmática decisão nº 33 do Tribunal Constitucional Federal da Alemanha, colheu-se a lição de que não se pode exigir da sociedade (representada pelo Estado) o impossível, ou seja, ainda que existam recursos e que esses possam ser disponibilizados, a prestação exigida deverá ser razoável e respeitar os interesses coletivos.

7. Quanto ao acolhimento da reserva do possível no sistema constitucional brasileiro, inferiu-se que, embora não se possa extraí-la diretamente do texto constitucional, é argumento válido a ser levado em conta quando em causa a concretização dos direitos sociais, especialmente por configurar um limite real, ou mesmo uma condição de realidade, conforme referido na doutrina.

8. Assim, concluiu-se que não se trata de regra, cláusula, teoria ou princípio, mas sim de um limite real que deve ser levado em conta na aplicação dos direitos sociais, compreendendo três dimensões: fática, jurídica e negativa.

9. Diante disso, ficou claro que não se poderá pleitear o impossível; no entanto, a reserva do possível só poderá ser aceita como argumento excepcional. Isso significa que, primordialmente, deverão ser atendidos os direitos sociais, pois são decorrência expressa da vontade constituinte, bem como deverão ser atendidas todas as vinculações orçamentárias igualmente previstas no texto constitucional, sob pena de violação destas normas. Ou seja, o Estado deverá comprovar que empregou os recursos existentes e disponíveis em consonância com as vinculações constitucionais.

10. Desse modo, consignou-se que a dimensão fática da reserva do possível, representada pela escassez de recursos, não poderá ser o único fundamento para a não concretização dos direitos sociais, pois, em face da constatação da inexistência de recursos suficientes a satisfazer todos esses direitos, as normas constitucionais que os prevêem restariam despidas de vinculação jurídica.

11. A par da ausência de suficientes recursos públicos para a concretização dos direitos sociais, constatou-se que o modo como são distribuídos também se afigura questionável, uma vez que no

Brasil as verbas vinculadas nem sempre são usadas nas finalidades para as quais foram previstas. Daí a necessidade de um corajoso debate acerca da destinação de recursos públicos.

12. No que tange à dimensão jurídica da reserva do possível, concluiu-se que a indisponibilidade de recursos esbarra no conteúdo mínimo inerente a todos os direitos, ou seja, o Poder Judiciário goza de legitimação para determinar uma despesa que vise à garantia do mínimo em conteúdo do direito pleiteado, o que não significa que não devam ser tomadas em consideração as consequências orçamentárias de sua atuação.

13. Já a dimensão negativa da reserva do possível apontou para a conclusão de que determinadas prestações de direitos sociais poderão ser negadas, se ficar comprovada uma lesão à coletividade. Ou seja, em alguns casos o deferimento da prestação individualmente pleiteada poderá gerar o esvaziamento do orçamento previsto para satisfazer prestações universais.

14. Em face dessas premissas, concluiu-se, ainda, que decisões amparadas na reserva do possível ficam sujeitas ao exame da proporcionalidade, sob pena de violação injustificada a direito fundamental.

15. Além disso, foi necessário analisar a reserva do possível em face da proibição de retrocesso social, onde se concluiu que a reserva do possível como fundamento de medidas que configurem um retrocesso social não será válida sem uma justificativa afinada com o sistema constitucional vigente, sob pena de afrontar o mínimo em conteúdo exigível dos direitos sociais.

16. Nesse ponto, restou consignado que a reserva do possível exige ponderação entre princípios, sob pena de acarretar o esvaziamento de um direito sem justificativa válida.

17. Analisou-se, ademais, a relação entre reserva do possível e mínimo existencial, donde se consignou que aquela não poderá ser aceita como argumento válido quando em xeque a vida e a dignidade humana. Além disso, os entes estatais deverão comprovar que eventual restrição a direitos sociais derivou da ponderação entre os princípios colidentes e que foram atendidos os ditames da proporcionalidade e da preservação do conteúdo mínimo necessário para a garantia de uma vida digna.

18. Da análise jurisprudencial concluiu-se que as questões pertinentes à reserva do possível ainda não foram devidamente enfrentadas pelo STF, o qual aparentemente desconhece todas as suas dimensões, como se observou na maioria dos julgados, os quais le-

vam à crença de que a reserva do possível se restringe à escassez de recursos financeiros, à exceção do julgamento da ADPF n° 45.

19. Por fim, do estudo de caso apresentado, extraiu-se a conclusão de que as emendas constitucionais que previram a DRU afrontam diversos mandamentos constitucionais e representam um enorme retrocesso em sede de concretização dos direito sociais. Também aqui se observou que o STF perdeu uma grande oportunidade de se manifestar, especialmente porque em pauta evidentes violações a direitos sociais, em razão do desvio de verbas constitucionalmente vinculadas ao financiamento desses direitos.

Referências bibliográficas

ALEMANHA. Allgemeines Landrecht für die Preußischen Staaten. *Smixx Anwalts- und Steuerbüro*. Disponível em: http://www.smixx.de/ra/Links_F-R/PrALR/PrALR_Einleitung.pdf. Acesso em 06 de maio de 2009.

ALEXY, Robert. *Teoria dos direitos fundamentais*. Tradução de Virgílio Afonso da Silva. São Paulo: Malheiros, 2008.

——. *Theorie der Grundrechte*. Frankfurt a.M.: Suhrkamp, 1994.

AMARAL, Gustavo. *Direito, escassez & escolha*: em busca de critérios jurídicos para lidar com a escassez de recursos e as decisões trágicas. Rio de Janeiro: Renovar, 2001.

ARANGO, Rodolfo. *Direitos fundamentais sociais, justiça constitucional e democracia*. In: MELO, Cláudio Ari (coordenador). Os desafios dos direitos sociais. Porto Alegre: Livraria do Advogado, 2005, p. 89-103.

ATRIA, Fernando. *Existem direitos sociais?* In: MELO, Cláudio Ari (coordenador). Os desafios dos direitos sociais. Porto Alegre: Livraria do Advogado, 2005, p. 9-46.

ÁVILA, Humberto. A distinção entre princípios e regras e a redefinição do dever de proporcionalidade. *Revista Diálogo Jurídico*, Salvador, CAJ – Centro de Atualização Jurídica, v. I, nº. 4, julho, 2001. Disponível em: www.direitopublico.com.br. Acesso em: 27 de novembro de 2009.

——. *Teoria dos princípios*. Da definição à aplicação dos princípios jurídicos. 9. ed. São Paulo: Malheiros, 2009.

BARBALHO, João. *Constituição federal brasileira: commentarios*. Rio de Janeiro: F. Briguiet e Cia.Editores, 1924.

BARCELLOS, Ana Paula de. A eficácia jurídica dos princípios constitucionais. O princípio da dignidade da pessoa humana. Rio de Janeiro: Renovar, 2002.

BARRETO, Vicente de Paulo. *Reflexões sobre os direitos sociais*. In: Direitos Fundamentais Sociais. Estudos de Direito Constitucional, Internacional e Comparado. Organizador: Ingo Wolfgang Sarlet. Rio de Janeiro: Renovar, 2003, p.107-134.

BARROSO, Luís Roberto. *Interpretação e aplicação da constituição*. 2. ed. São Paulo: Saraiva, 1998.

BASTOS, Celso Ribeiro. MARTINS, Ives Gandra. *Comentários à Constituição do Brasil*. 2. vol. São Paulo: Saraiva, 1989.

BITENCOURT NETO, Eurico. *O direito ao mínimo para uma existência digna*. Porto Alegre: Livraria do Advogado, 2010.

BOBBIO, Norberto. *A era dos direitos*. Rio de Janeiro: Elsevier, 2004.

BÖCKENFÖRDE, Ernst-Wolfgang. *Escritos sobre derechos fundamentales*. Baden-Baden: Nomos Verlag, 1993.

BONAVIDES, Paulo. *Curso de direito constitucional*. 15. ed. São Paulo: Malheiros, 2004.

——. *Do estado liberal ao estado social*. 8. ed. São Paulo: Malheiros, 2007.

BRANDÃO, Rodrigo. *São os direitos sociais cláusulas pétreas?* In: SOUZA NETO, Claudio Pereira de e SARMENTO, Daniel (Coord.). Direitos sociais. Fundamentos, judicialização e direitos sociais em espécie. Rio de Janeiro: Lumen Júris, 2008, p. 451-483.

CALIENDO, Paulo. Direito tributário e análise econômica do Direito: uma visão crítica. Rio de Janeiro: Elsevier, 2009.

——. Reserva do possível, direitos fundamentais e tributação. In: SARLET, Ingo Wolfgang e TIMM, Luciano Benetti (org.). *Direitos Fundamentais, Orçamento e Reserva do Possível*. Porto Alegre: Livraria do Advogado, 2008.

CANOTILHO, José Joaquim Gomes. *Direito constitucional*. Coimbra: Livraria Almedina, 1991.

——. Direito constitucional e teoria da constituição. 7. ed. Coimbra: Almedina, 2003.

CARVALHO NETTO, Menelick de. A hermenêutica constitucional e os desafios postos aos direitos fundamentais. In: SAMPAIO, José Adércio Leite (Org.). Jurisdição constitucional e direitos fundamentais. Belo Horizonte: Del Rey, 2003, p. 141-163.

COMPARATO, Fábio Konder. *A afirmação histórica dos direitos humanos*. 3. ed. São Paulo: Saraiva, 2004.

DEUTSCHLAND. *Grundgesetz*. 58. Auflage. München: Verlag C.H. Beck, 2007.

ESPANHA. Constitución Española. *Boletín oficial del Estado*. Disponível em: http://www.boe.es/aeboe/consultas/enlaces/documentos/ConstitucionCASTELLANO.pdf. Acesso em 06 de maio de 2009.

FARIA, José Eduardo. *O Judiciário e os direitos humanos e sociais: notas para uma avaliação da justiça brasileira*. In: FARIA, José Eduardo (org.). Direitos humanos, direitos sociais e justiça. São Paulo: Malheiros, 2002, p. 94-112.

GALDINO, Flávio. *Introdução à Teoria dos Custos dos Direitos*. Direitos não nascem em árvores. Rio de Janeiro: Lumes Juris, 2005.

GARCIA, Emerson. *O direito à educação e suas perspectivas de efetividade*. Disponível em: http://jusvi.com/artigos/2183. Acesso em 13 de outubro de 2009.

GRAU, Eros Roberto. *Realismo e utopia constitucional*. In: ROCHA, Fernando Luiz Ximenes e MORAES, Filomeno (Coordenadores e coautores). Direito constitucional contemporâneo. Estudos em homenagem ao Professor Paulo Bonavides. Belo Horizonte: Del Rey, 2005, p. 117-126.

GRECCO, Marco Aurélio. *Contribuições* (uma figura "sui generis"). São Paulo: Dialética, 2000.

HÄBERLE, Peter. *Grundrechte im Leistungsstaat*. Berlin: Walter de Gruyter, 1972.

HESSE, Konrad. Elementos de Direito Constitucional da República Federal da Alemanha. Sergio Fabris Editor: Porto Alegre, 1998.

HOLMES, Stephen e SUNSTEIN, Cass R. *The cost of rights*. Why liberty depends on taxes. New York: W. W. Norton & Company, 1999.

JARASS, Hans e PIEROTH, Bodo. *Grundgesetz für die Bundesrepublik Deustschland*. Kommentar. 9. Auflage. München: Verlag C.H. Beck, 2007.

JORGE NETO, Nagibe de Melo. *O controle jurisdicional das políticas públicas*. Salvador: Jus Podivm, 2008.

KELSEN, Hans. *Jurisdição constitucional*. São Paulo: Martins Fontes, 2003.

KRAUSE, Peter. *Die Entwicklung der sozialen Grundrechte. Grund- und Freiheitsrechte im Wandel von Gesellschaft und Geschichte*. Günter Birtsch (Herausgeber). Göttingen: Vandenhoeck & Ruprecht, 1981.

KRELL, Andreas J. *Direitos sociais e controle judicial no Brasil e na Alemanha*. Porto Alegre: Sergio Antonio Fabris Editor, 2002.

LAFER, Celso. A reconstrução dos direitos humanos. Um diálogo com o pensamento de Hannah Arendt. São Paulo: Companhia das Letras, 1988.

LEDUR, José Felipe. Direitos fundamentais sociais. Efetivação no âmbito da democracia participativa. Porto Alegre: Livraria do Advogado, 2009.

LOPES, José Reinaldo de Lima. *Direito subjetivo e direitos sociais: o dilema do Judiciário no Estado Social de Direito.* In: FARIA, José Eduardo (org.). Direitos humanos, direitos sociais e justiça. São Paulo: Malheiros, 2002, p. 113-143.

——. *Em torno da "reserva do possível"* In: SARLET, Ingo Wolfgang e TIMM, Luciano Benetti (Orgs.). *Direitos Fundamentais, Orçamento e Reserva do Possível.* Porto Alegre: Livraria do Advogado, 2008, p. 173-193.

MARTINEZ. Gregorio Peces-Barba. *Derechos sociales y positivismo jurídico.* Madrid: Editorial Dykinson, 1999.

MARTINS, Leonardo e SCHWABE, Jürgen (orgs.). *Cinqüenta Anos de Jurisprudência do Tribunal Constitucional Federal Alemão.* Montevidéu: Fundação Konrad Adenauer, 2005.

MELLO, Cláudio Ari. *Os direitos fundamentais sociais e o conceito de direito subjetivo.* In: MELO, Cláudio Ari (coord.). Os desafios dos direitos sociais. Porto Alegre: Livraria do Advogado, 2005, p. 105-138.

MENDES, Gilmar Ferreira. *Direitos fundamentais e controle de constitucionalidade.* 2. ed. São Paulo: Celso Bastos Editor, 1999.

——; COELHO, Inocêncio Mártires; BRANCO, Paulo Gustavo Gonet. *Curso de Direito Constitucional.* 4. ed. São Paulo: Saraiva, 2009.

MENDONÇA, Eduardo Bastos Furtado de. *A constitucionalização das finanças públicas no Brasil. Devido Processo Orçamentário e Democracia.* Dissertação apresentada ao Programa de Pós-Graduação em Direito da Universidade do Estado do Rio de Janeiro como requisito para obtenção do título de Mestre. Orientador: Prof. Dr. Luís Roberto Barroso. Rio de Janeiro, 2008.

MORO, Sergio Fernando. *Jurisdição constitucional como democracia.* São Paulo: Editora Revista dos Tribunais, 2004.

MURSWIEK, Dietrich. *Grundrechte als Teilhaberechte, soziale Grundrechte.* In: J. Isensee-P. Kirchhof (Org.) Handbuch des Staatsrechts der Bundesrepublik Deutschland. Vol. V, p. 243-289.

NABAIS, Casalta. *Por uma liberdade com responsabilidade.* Coimbra: Livraria Almedina, 2007.

OLSEN, Ana Carolina Lopes. *Direitos fundamentais sociais. Efetividade frente à reserva do possível.* Curitiba: Juruá, 2008.

PIEROTH, Bodo; SCHLINK, Bernhard. *Grundrechte Staatsrecht II.* 17. ed. Heidelberg: C.F. Müller, 2001.

PIOVESAN, Flávia C. Constituição e transformação social: a eficácia das normas constitucionais programáticas e a concretização dos direitos e garantias fundamentais. *Revista da Procuradoria Geral do Estado de São Paulo* nº 37, junho de 1992, p. 63-74.

——. *Proteção judicial contra omissões legislativas. Ação direta de inconstitucionalidade por omissão e mandado de injunção.* 2. ed. Revista, atualizada e ampliada. São Paulo: Editora Revista dos Tribunais, 2003.

PISARELLO, Gerardo. *Los derechos sociales y sus garantias.* Elementos para uma reconstrucción. Madrid: Editorial Trotta, 2007.

PORTUGAL. Constituição da República Portuguesa de 02 de abril de 1976. *Governo de Portugal.* Disponível em: http://www.portugal.gov.pt/Portal/PT/Portugal/Sistema_Politico/Constituicao/06Revisao. Acesso em 06 de maio de 2009.

POSCHER, Ralf. *Grundrechte als Abwehrrechte.*Tübingen: Mohr Siebeck, 2003.

PULIDO, Carlos Bernal. *Fundamento, Conceito e Estrutura dos Direitos Sociais. Uma crítica a "Existem direitos sociais?" de Fernando Atria.* In: SOUZA NETO, Cláudio Pereira de e SARMENTO, Daniel (Coords.). Direitos Sociais. Fundamentos, judicialização e direitos sociais em espécie. Rio de Janeiro: Lumen Juris, 2008, p. 137-175.

SAMPAIO, José Adércio Leite. *Direitos fundamentais: retórica e historicidade*. Belo Horizonte: Del Rey, 2004.

——. (Orgr.). *Jurisdição constitucional e direitos fundamentais*. Belo Horizonte: Del Rey, 2003.

SARLET, Ingo Wolfgang. *A eficácia dos direitos fundamentais*. 9. ed. Porto Alegre: Livraria do Advogado, 2008.

——. *A eficácia dos direitos fundamentais*. 10. ed. Porto Alegre: Livraria do Advogado, 2009.

——; TIMM, Luciano Benetti (Orgs.). *Direitos Fundamentais, Orçamento e Reserva do Possível*. Porto Alegre: Livraria do Advogado, 2008.

——. *Os Direitos Fundamentais Sociais na Constituição Federal de 1988: resistências à sua eficácia e efetividade*. In: VIEIRA, José Ribas. (Org.). 20 Anos da Constituição Cidadã de 1988: efetivação ou impasse institucional? Rio de Janeiro: Forense, 2008, v. 1, p. 291-318.

——. Direitos sociais como direitos fundamentais: seu conteúdo, eficácia e efetividade no atual marco jurídico-constitucional brasileiro. In: LEITE, George Salomão e SARLET, Ingo Wolfgang (Coord.). *Direitos Fundamentais e Estado Constitucional*. Estudos em homenagem a J. J. Gomes Canotilho. São Paulo: Editora Revista dos Tribunais; Coimbra: Coimbra Editora, 2009, p. 213-253.

——; FIGUEIREDO, Mariana Filchtiner. *Reserva do possível, mínimo existencial e direito à saúde: algumas aproximações*. In: SARLET, Ingo Wolfgang e TIMM, Luciano Benetti (Organizadores). Direitos Fundamentais, Orçamento e Reserva do Possível. Porto Alegre: Livraria do Advogado, 2008, p. 11-53.

SARMENTO, Daniel. *A proteção judicial dos direitos sociais: alguns parâmetros ético-jurídicos*. In: SOUZA NETO, Claudio Pereira de e SARMENTO, Daniel (Coords.). Direitos sociais. Fundamentos, judicialização e direitos sociais em espécie. Rio de Janeiro: Lumen Júris, 2008, p. 553-586.

SCAFF, Fernando Facury. *Reserva do possível, mínimo existencial e direitos humanos*. Verba Juris, ano 4, nº 4, jan/dez 2005.

——. *Sentenças aditivas, direitos sociais e reserva do possível*. In: SARLET, Ingo Wolfgang e TIMM, Luciano Benetti (Orgs.). Direitos Fundamentais, Orçamento e Reserva do Possível. Porto Alegre: Livraria do Advogado, 2008, p. 149-172.

——; MAUÉS, Antônio G. Moreira. *Justiça Constitucional e Tributação*. São Paulo: Dialética, 2005.

SENADO FEDERAL. *Constituições do Brasil*. 1º Volume. Brasília: Senado Federal, 1986.

SILVA, José Afonso da. *Aplicabilidade das normas constitucionais*. 7. ed. São Paulo: Malheiros, 2007.

SILVA, Virgílio Afonso da. *Direitos Fundamentais. Conteúdo essencial, restrições e eficácia*. São Paulo: Malheiros, 2009.

——. (Organizador). *Interpretação Constitucional*. São Paulo: Malheiros, 2005.

SOUZA NETO, Claudio Pereira de. *A justiciabilidade dos direitos sociais: críticas e parâmetros*. In: —— e SARMENTO, Daniel (Coords.). Direitos sociais. Fundamentos, judicialização e direitos sociais em espécie. Rio de Janeiro: Lumen Júris, 2008, p. 515-552.

TORRES, Ricardo Lobo. *Tratado de direito constitucional financeiro e tributário*. v. III. Rio de Janeiro: Renovar, 2005.

TRIBUNAL DE CONTAS DA UNIÃO. *Relatório e Pareceres prévios sobre o Governo da República, exercício de 2006*. Disponível em: www.tcu.gov.br. Acesso em: 19 de maio de 2008.

VIEIRA DE ANDRADE, José Carlos. *Os direitos fundamentais na Constituição Portuguesa de 1976*. Coimbra: Livraria Almedina, 1998.

WANG, Daniel Wei Liang. Escassez de recursos, custos dos direitos e reserva do possível na jurisprudência do Supremo Tribunal Federal. Disponível em: www. sbdp.org.br. Acesso em 31 de maio de 2007.